稲盛フィロソフィとは何か

西田幾多郎と稲盛和夫の〈哲学〉

What is the Inamori Philosophy?

山内廣隆
Hirotaka Yamauchi

ナカニシヤ出版

凡例

一、稲盛和夫の著作はきわめて多いが、その多くの著作のタイトルを略記して使用した。

一、西田幾多郎『善の研究』からの引用に際して、頁については『西田幾多郎全集』第一巻（岩波書店、一九四七年第一刷、一九七八年第三刷）の頁数を付した。しかし、引用文については、小坂国継注釈付きの『善の研究』（講談社学術文庫、二〇〇六年）を使用した。この講談社版は、原文を現代仮名遣い、常用漢字体に改めてあり、現代人にも読みやすくなっているからである。なお、『善の研究』以外の西田幾多郎からの引用は、右の岩波版を使用した。

一、引用文中の［ ］は、筆者によるものである。

一、議論の展開において重要な文章には、傍線（太線）を施した。

一、年号については、西暦表記と元号表記の両方を用い、時間を辿りやすくした。引用参考文献表については、西暦表記に統一した。引用・参考文献一覧の出版年度は一部を除いて初版一刷の年で表記した。

一、フィヒテ『全知識学の基礎』からの引用は拙訳である。したがって、引用箇所は一応原典の頁数で示しておいた。フィヒテの著作については、いわゆるアカデミー版全集を使用した。

まえがき

稲盛和夫は二〇二二年八月その壮絶な一生を終えました。稲盛はその生涯において、経済界で目もくらむような大きな業績をあげました。稲盛がそのような業績をあげることができた要因はいくつか考えられますが、一つの大きな要因として、私は稲盛のフィロソフィ（哲学）を挙げたいと思います。稲盛自身は自分を少しも哲学専門家などとは思っていませんが、自分の心を磨き続けた一生を送った人だと思います。稲盛は「心を磨くこと」あるいは「心を高めること」を「哲学」と考えていました。

その稲盛が、人は青少年時代に各人の「人生の目的」を立てるべきであると力説した後で、次のように語っています。

このようなこと［人生の目的を立てること］は本来、哲学者が指し示すべきなのでしょうが、難解な抽象的思考に陥り、青少年にわかるように人生の目的や人生の意義を語ってはいません。また、宗教家も人生の目的を教える役割を現在では果たしていないように思います。

心の喪失の時代といわれ、また物質面の発展に精神面の発達が伴っていないといわれる所以がそのへんにあるように思います。（稲盛和夫『稲盛和夫の哲学――人は何のために生きるのか』ＰＨＰ文庫、二〇一三年一版第二六刷、一〇六－一〇七頁、以後「稲盛の哲学」と略す）

ここには、とても「気になること」が語られています。哲学者は「難解な抽象的思考に陥り、青少年にわかるように人生の目的や人生の意義を語ってはいません」という強烈な哲学者批判です。稲盛の大きな業績を支えているのはまぎれもなく彼の「哲学」ですが、その稲盛の哲学は実は「哲学」批判を伴っているのです。ただし、その批判はたんなる「哲学」批判ではなく、「哲学者」批判でもあることに深く留意しておかなければなりません。稲盛の主張を要約すれば、現代の哲学者は抽象的で空虚な理論をむさぼり、本来「哲学」がおこなうべき役割を果たしていないということになります。稲盛の考える「哲学」が果たすべき役割とは、青少年に「人生の最終的な目的」を示し、それを「教育」することでした。もちろん、「人生の最終的な目的」とは、「心を磨き高めること」です。稲盛はそのことを「人間性を磨くこと」とも「魂を磨くこと」とも言い換えています。

しかしながら、稲盛のいうように、哲学者とりわけ日本の哲学者は、「哲学」が本来おこなうべき役割を果たしていないのでしょうか。日本哲学といえば、誰しも西田幾多郎（一八七〇－一九四五）を思い起こすでしょうが、西田に代表される日本哲学は目の前の青少年たちに空理空論ではなく、理論をかみ砕いて、心を磨き魂を磨き「りっぱな人間」になることを説くための言葉をもっていないのでしょうか。稲盛はきっぱりと「もっていない」というでしょうが、ほんとうにそうなのでしょうか（哲学者はまず、「りっぱな人間」とはどのような人間であるのかを考えなければならないと、主張するでしょう）。いずれにせよ、青少年に生きる目的を与えるということが哲学の役割であるとして、日本哲学はそのような言葉、つまり「教育」の言葉をもっていないのでしょうか。あるいは、稲盛自身も語っていることではありますが、「教育」という言葉には「上から教え込む」という響きがありますから、それは戦前のいやな記憶を思い出させるようで、日本哲学が敬遠しているのでしょうか。いろいろなことが考えられます。

本書で、私は主として日本哲学（西田幾多郎の哲学）がもつ特質と稲盛の哲学を比較しながら、稲盛のフィロソフィ（哲学）が「どういうものであるか」を探っていこうと考えています。まずは、第Ⅰ部として稲盛和夫（薩摩）と西田幾多郎（加賀）の簡単な対比から始めます（第1、第2章）。そして次に、第Ⅱ部として日本哲学の特質について論じていきます。日本哲学は西洋哲学の導入、とりわけトーマス・ヒル・グリーンの倫理学導入から始まりますから、まずはその導入の経緯と内容に触れます（第3、第4章）。日本哲学は西洋哲学なしには始まらなかったのです。さらに、日本哲学を代表する西田幾多郎の哲学を論じることによって日本哲学の特質に迫りたいと思います（第5、第6章）。西田は西洋と東洋の哲学の「総合」を試みた人ともいわれています。続いて第Ⅲ部として、本来哲学とはいかなるものであったのかを、西洋哲学の創始者とされているソクラテスの哲学を通じて論じます（第7章）。以上が本書の基礎的部分です。

第1章から第7章においても折に触れて稲盛の哲学について言及しますが、本格的に稲盛の哲学を論じるのは、第Ⅳ部が始まる第8章からです。ここからが本書の中心部分であり、第12章までの五つの章で稲盛の哲学を真正面から論じます。しかし、稲盛の哲学を論じるといっても、もちろん日本の哲学と比較しながらです。つまり、まず稲盛が「人間と神との関係」や「人間の自由」などをどのように考えていたかを、日本の哲学と比較しながら論じます。さらにこの第Ⅳ部では、稲盛フィロソフィの基礎を形成している「利他の心」についても、さまざまな角度から論じます。たとえば、西田のよきライバルであった田邊元の利他行の基礎づけ、渋沢栄一の経済・道徳一致説、さらにはドーキンス以後の現代生物学の成果などを取り上げ、稲盛の哲学と比較します。そして、最後の「おわりに」では、稲盛フィロソフィを稲盛と同じ薩摩人である西郷隆盛（一八二八―一八七七）や大久保利通（一八三〇―一八七八）との関係からも論じて「まとめ」とします。そのなかで、加賀と薩摩、つまり西田と稲盛が交差することになるでしょう。

ですから、本書は単純な評伝としての稲盛論ではありません。多くの評伝が稲盛の成功譚を生き生きと描いています。それらを読むと、次から次へとさまざまな困難を乗り越えていく稲盛が描かれていて、英雄譚を聴いているようで心がとても活性化されます。しかし、本書ではそういう成功譚や英雄譚はあまり出てきません。どれだけできるかわかりませんが、稲盛の語ったことやおこなったことを、哲学の土俵の上に載せて論じてみたいと思っています。「哲学すること」とは一旗揚げた経済人が説く人生論でも、学会でよく見られる個々の哲学者の学説紹介でもありません。「哲学すること」とは、私たちが生きているこの現実世界およびそこで生きている私たちについて深く思索することではないでしょうか。ある哲学研究者が、その例として、カントの『啓蒙とは何か』についてのミシェル・フーコーの次のような論評を取り上げています。『啓蒙とは何か』もいまではすっかり古典になっていますが、それはカントが当時の生の「現場」に立って、「今何が起ころうとしているのか」、「今とは何か、我々とは何者なのか」を問い続けた哲学書であるという論評です（岡本裕一朗『いま世界の哲学者が考えていること』朝日文庫、二〇二三年、二二一―二二九頁参照）。「哲学の土俵に載せて」とは、現代を代表する経済人稲盛和夫のフィロソフィをたんなる成功譚としてではなく、右のような姿勢で哲学的に深掘りするということなのです。

そういうふうに論じていくわけですから、本書はかならずしも稲盛礼賛論ではありません。稲盛の業績やその基になった稲盛フィロソフィには、毀誉褒貶《きよほうへん》いずれも成り立つところがあります。稲盛の「誉」や「褒」だけでなく、見分できる限りの「毀」や「貶」の側面にもときには目を向けていきたいと考えています。

以上が本書の視座と簡単な見取り図です。このように本書は、日本哲学のなかに稲盛の哲学を位置づけつつ、「稲盛フィロソフィとは何か」を考えていこうという試みです。本書は稲盛の多くの評伝のように、血沸き肉躍るようなことはありません。とくに、第3章から第7章までは専門的な議論をしますから少し難しくなっています。本来なら前から順番に読んでいただきたいのですが、この議論（第3章-第7章）に困難を感じた方は、まず「まえがき」、そして第1、第2章を読み、次に第8章から第12章そして「おわりに」と「あとがき」までを読んだほうがわかり易いと思います。それだけで「稲盛フィロソフィ」については、おおむね理解できるようになっています。もし余裕があって、「稲盛フィロソフィ」をもう少しより哲学的に知りたい方は、最後に第3章から第7章までを読んでください。

私は本書で、一哲学研究者として、「哲学的に物事を考えること」とは「どのような仕方で考えること」であるかを時折提示しつつ、稲盛フィロソフィの「光」と「影」を、「光」についてはやや積極的に、「影」についてはやや消極的に描いてみました。稲盛フィロソフィへの接近の仕方は多様ですが、本書をきっかけにして稲盛への本書のようなアプローチの仕方もあるのだということを知っていただければと思います。

稲盛の経営哲学に心酔しておられる方々、また盛和塾で稲盛から何かを学ぼうと研鑽を積まれた方々が、日本中にたくさんおられます。また、それとは逆に、心ならずも稲盛と袂を分かった方々、稲盛の考えに疑いを懐いておられる方々もそれ相応におられます。さらには、「稲盛の哲学」など論ずるに値しないと、端《はな》から相手にしない方々も多々見受けられます。いずれの方々にも、稲盛和夫についての本書のような見方、考え方もあることを知っていただきたいと思って本書に取り組みました。

目次

Ⅱ　日本哲学の特質

I

西田幾多郎と稲盛和夫

1 西田幾多郎と稲盛和夫の交差

西田幾多郎（一八七〇－一九四五）は日本哲学史において、もっとも重要な哲学者です。「重要な」というのは、西田幾多郎が日本哲学の形をつくったからです。そういう意味で、西田は日本哲学を代表する哲学者です。日本を代表する哲学者西田幾多郎がつくった「日本哲学」の骨格とはいったいどのようなものなのでしょうか。その骨格については、第4章以後、若き西田幾多郎の思索を出発点に、西田の主著『善の研究』を通して明らかにしたいと考えています。

稲盛和夫（一九三二－二〇二二）は、戦後第二世代（第一世代を代表するのが、松下幸之助や本田宗一郎）を代表する名経営者です。第一世代が一企業の経営者で終わったのに対し、稲盛は三つの異業種企業（京セラ、ＫＤＤＩ、日本航空）に関わり、それぞれの企業を立ち上げたり、再建したりしました。そういう意味では、戦後最高の経営者といっても過言ではありません。ちなみに、堺屋太一は稲盛和夫を「松下幸之助氏や本田宗一郎氏に次ぐ創業者である」(『稲盛和夫のガキの自叙伝』日経ビジネス人文庫、二〇〇四年、二九〇頁、以下「ガキの自叙伝」と略記)と評価しています。

西田と稲盛は、このように学者と経営者というまったく異なる世界で生きてきました。だから、二人は交わることなどないように思われます。しかしながら、二人には共通点があります。それは「哲学」をとても愛したことです。二人は「哲学」でつながるのです。

西田は哲学と学問的に取り組みました。彼はギリシア古典から彼の生きた時代にいたる西洋の哲学書をおおむね原書で読んでいます。その読解力のすさまじさにはただただびっくりするばかりです。しかし、西田の哲学好きは西洋の哲学文献だけに向かったのではありませんでした。西田の哲学のもうひとつの柱は、若年から親しんだ「禅」仏教でした。こういう西田幾多郎については、一方で西洋的哲学知を基盤に打坐(禅的実践)に取り組んだ人であったという見方があります。しかしそれとは逆に、西田の西洋哲学研究を「打坐の工夫の再確認の方法」と捉え、禅仏教を西田の哲学の基礎に据える評価もあります。西田の哲学の評価の仕方にしても、一つではないのです。

それにしても、稲盛はなぜ哲学することが好きだったのでしょうか。稲盛は純粋な薩摩の人間です。死ぬまで薩摩(鹿児島)弁が抜けませんでした。薩摩には昔から薩摩人の気質をとてもよく表わしているといわれている有名な方言があります。「義(議)をゆな(言うな)」です。一般的には「つべこべ言うな」という意味です。しかしそれだけだとこの言葉の本来の意味と少し違ってきます。大抵の場合、「義をゆな」に「早《は》よせんか」が続きます。「義をゆな、早よせんか」は、「もうやると決まったのだから、つべこべ言わずにそれをやれ」という意味になります。やると決めるまではそれなりの議論をするのですが、「やると決まったらそれをすぐにやれ」と解釈していいでしょう。薩摩は決して議論を無視するわけではありませんが、「決まった以上はすぐに実践しろ」という実践優位の文化土壌を持っているのです（「ぎをゆな」には、もちろん単純に「文句を言うな」という議論を抑える意味もあります）。想像するに、稲盛の大好きな西郷隆盛は若き中村半次郎（通称、人切り半次郎、後の桐野利秋）に「ぎをゆな、はよせんか」と呼びかけたことがあったかもしれません。その呼びかけに応じて、半次郎は刺客となったことがあったかもしれません。このように「思索する」という文化土壌がどちらかといえば乏しい薩摩で、稲盛のような哲学好きがなぜ生まれたのかよく理解できません。ただし、稲盛の哲学好きが、稲盛の人生における数々の成功の源になっていることは間違いないようです。何度もいうようですが、本書は稲盛の企業経営ばかりでなく、彼の生き方そのものをも支えている稲盛フィロソフィ（哲学）とは何かを、西田幾多郎に代表される日本哲学と比較することによって明らかにしようとする試みだと考えておいてください。

さて、西田は加賀の人です。加賀といっても、金沢市から電車で三十分ほどかかる現在のかほく市の出身です。かほく市は能登半島の付け根にあります。金沢市のある北陸地方は、日本のなかでもかなり雪深い地域です。真冬でも太陽光が痛いこともある光あふれる薩摩とは、まるっきり違います。北陸の冬は雪深く昼なお暗いイメージがあります。そのような気候条件から、雪国北陸人は寒さに耐え、ものごとを深く考える人が多いといわれています。薩摩の文化が実践優位であるとするなら、北陸の文化は理論優位といえるかもしれません。

西田と稲盛はこのようにその風土から考えるなら、対極にあります。そういうこともあって、西田は薩摩人が大嫌いでした。本書では、まず若き西田幾多郎の人生最初の大事件となった、西田の第四高等中学校退学（一八九〇年、西田二十歳のとき）事件から始めようと思います。西田の退学の原因は、明治維新後大きな権力を手に入れた薩摩人との確執でした。まずはこの事件を手掛かりにして、西田幾多郎の人となりについて考えてみようと思います。それが稲盛和夫の哲学を明らかにするための出発点になります。つまり本書は、日本哲学およびその最高峰である西田幾多郎の哲学を「道しるべ」にしながら、稲盛和夫の哲学とは何かを考えようとする試みなのです。私たちはこういう作業を通じて、稲盛がなしとげた多くの業績の秘密も開示しうるのではないかと考えています。

このように西田の哲学に代表される日本の哲学と稲盛の哲学を比較考証する試みは、いままでに見たことがありません。たぶんその理由は、日本の多くの哲学者あるいは哲学研究者が、稲盛の哲学を「哲学」と呼ぶに値しないと無視しているからではないか、と私は考えています。なるほどたしかにそういうこともあろうかとは思います。しかし、稲盛の大きな業績の基になったのは、まぎれもなく稲盛のフィロソフィ（哲学）なのです。比較することは難しいとは思いますが、多くの哲学研究者の仕事と比べても、けっしてひけを取らないのではないでしょうか。でも、本書の哲学的議論は、一般の読者の方にとっては少し難しいかもしれません。しかし、こういった議論をしなければ本当に稲盛がわかったとは言えないのではないでしょうか。これから、稲盛の哲学を尋（訪）ねる旅に出てみませんか。

2

西田幾多郎

青春の蹉跌

『青春の蹉跌《さてつ》』は石川達三の青春小説です。蹉跌とは「しくじり」とか「失敗」という意味です。老年の失敗はその失敗を取り戻しプラスへと転じることは難しいですが、青年の失敗はその失敗が老年の成功となって還ってきます。「失敗は成功のもと」なのです。「青春の蹉跌」とはそういうものです。西田の青春の蹉跌は、西田自身だけでなく日本の哲学にとって、とても有意義なものになりました。

そもそも、青春の蹉跌は人生の勲章のようなものだと、私は考えています。自分の内に内的な確信があり、それを実践に移すことによってはじめて得られる人生の勲章なのです。自分の中に確固とした信念があり、その信念を実践する実行力のある人だけが、蹉跌できるのです。

1　帝国大学選科生・西田幾多郎

西田幾多郎は一八九一年（明治二十四年）九月、帝国大学文化大学哲学科に入学しています。このころ帝国大学は東京に一つしかなかったので、ことさらに東京帝国大学と呼ぶ必要もなかったのです。ただし、西田が入学したのは哲学科本科ではなく、選科でした。選科とは今流にいえば、聴講生のようなものでした。したがって、本科と選科には待遇など多くの面で大きな差がありました。西田は後年（一九四二年、昭和十七年）、ある雑誌でこの差別待遇について以下のように語っています。

当時の選科生というものは、誠にみじめなものであった。無論、学校の立場からして当然のことでもあったろうが、選科生と云うものは非常な差別待遇を受けていたものであった。いま云った如く、二階が図書室になっていて、その中央の大きな室が閲覧室になっていた。しかし選科生はその閲覧室で読書することがならないで、廊下に並べてあった机で読書することになっていた。三年になると、本科生は書庫の中に入って書物を検索することもできたが、選科生には無論そんなことは許されなかった。それから僻目かもしれないが、先生を訪問しても、先生によっては閾《しきい》が高いように思われた。私は少し前まで、高校で一緒にいた同窓生と、忽ちかけ離れた待遇の下に置かれるようになったので、少なからず感傷的な私の心を傷つけられた。三年の間を、隅の方に小さくなって過ごした。（『西田幾多郎全集　第十二巻』岩波書店、一九七九年第三刷、二四一－二四二頁、以後「西田全集」

第何巻と略記)

西田が帝国大学哲学科の三年間をどういう気持ちで過ごしたかが、とてもよくわかる文章です。説明不要なほど、西田の差別された姿が浮かんできます。しかし、西田は選科生としての利点についても、次のように触れています。

しかしまた一方には何事にも捉われず、自由に自分の好む勉強ができるので、内に自ら楽むものがあった。超然として自ら矜持《きょうじ》するものをもっていた。(同上、二四二頁)

先に選科生を現在の聴講生のようなものと述べましたが、実は聴講生が一年単位で履修を繰り返すのに対して、選科生は三年で修了という制度になっていました。また、選科生は本科生ではないので、比較的自由に自分の好みで履修科目を選べたようです。「自由」が選科生の唯一の隠された特権だったのです。とはいえ、西田は東京での学生生活を、ほんの少しの自由と、耐えられないほどのみじめさをかみしめながら過ごしたのです。それにしても才能にあふれた西田が、なぜこのようなみじめな生活を送らなければならなかったのでしょうか。

それはまず、当時の帝国大学への入学制度と関係があります。帝国大学への入学が認められていたのは、当時の高等学校出身者だけでした。当時、優秀な学生が揃っていた高等師範学校の卒業生ですら入学資格がありませんでした。ちなみに、のちに東京帝国大学に対抗して京都帝国大学が設立されますが、京都帝国大学では高等師範学校出身者にも入学資格が認められることになりました。西田は当時、第四高等中学校の生徒でした。この高等中学校は金沢にあり、やがて第四高等学校となります。西田は心ならずも、ここを中退することになるのです。残念ながら、中退者には帝国大学本科の入学はきわめて難しかったようです。竹田篤司は選科について「正規の入学許可を持たない者、いわば非キャリア組に対する恩情的な救済場」（竹田篤司『物語「京都学派」』中公叢書、二〇〇一年、三一頁）とまとめてくれています。西田の帝国大学選科への進学を聞いた西田の尊敬する師匠北条時敬《ときゆき》（一八五八－一九二九）は、ずいぶん落胆し、西田を叱りつけたそうです（同上、二六〇頁参照）。それにしても、なぜ西田は第四高等中学校を中退しなければならなかったのでしょうか。

2　明治の革命戦士・西田幾多郎

金沢は「文」の町でした。第四高等中学校の前身は石川県専門学校です。この学校は四年制の予科と「法理文」の三科からなる三年制の専門部を有する七年制の専門学校でした。この学校では、当時東京以外では珍しかった「外国語での授業」もおこなわれていました。こうしたとてもしっかりした骨格をもつ学校が金沢にあったことを、西田は「百万石の力」と自慢しています。この学校は金沢藩の藩校が発展してできた学校ですから、主として石川県民が通う、「全体が一家族というような温かみのある学校」だったと、西田は伝えています（同上、二四五頁参照）。そうした石川県専門学校は、第四高等中学校を経て第四高等学校になるのですが、西田は後年（一九二九年、昭和四年）ある雑誌に「或教授の退職の辞」という一文を寄稿し、四高時代の自分の生き方を赤裸々に語っています。

四高の学生時代というのは、私の生涯において最も愉快な時期であった。青年の客気に任せて豪放不羈《ふき》、何の顧慮する所もなく振舞った。その結果、半途《はんと》にして学校を退く様になった。(「西田全集」第十二巻、一七〇頁)

西田にとって四高時代が人生のなかでもっともその生を謳歌した楽しい時期であったようです。西田は友人たちと自由奔放に青春を謳歌したのです。

しかし、やがて学校は西田たちの自由をそう簡単には認めない体制へと変わっていきました。当時、明治新政府は中央集権化を強引に推し進めていました。第四高等中学校の体制変更を、私たちは明治新政府によるこうした政策の地方への浸透の一環として理解すべきでしょう。西田はこの間の事情を次のように語っています。

第四高等中学になってから、校風が一変した。つまり一地方の家族的な学校から天下の学校になったのである。当時の文部大臣は森有礼という薩摩人であって、金沢に薩摩隼人の教育を注入するというので、初代校長として鹿児島の県会議長をしていた柏田[盛文]という人をよこした。その校長についてきた幹事とか舎監とかいうのは、皆薩摩人で警察官などしていた人々であった。師弟の間に親しみのあった暖かな学校から、忽ち規則づくめな武断的な学校に変じた。我々は学問文芸にあこがれ、極めて進歩的な思想を抱いていたのであるが、学校ではそういう方向が喜ばれなかった。
（同上、二四七頁）

ここで薩摩と加賀（北陸）が出会っています。金沢という一地方の教育の変遷を通して明治新政府の文教政策がいかなるものであったかが、手に取るようにわかります。西田の中退が一八九〇年、日清戦争が一八九四－九五年、膨張政策をとる明治新政府にとって中央集権化は急務でした。ただ、金沢は藩政時代に雄藩でしたから、中央集権化の先頭に立たされたものと考えられます。第四高等中学校の開校式には、文部大臣森有礼（一八四七－一八八九）が参列しているのです（同上、一六五頁参照）。西田のいうように、かならずしも四高の教育体制が自由で進歩的であったから、それに目をつけられて教育体制が変わっただけではないようにも思えます。とはいえ、四高の教育体制は確実に薩摩風の武断的な体制に、そういっていいなら保守的な上位下達の体制に変わったのです。第1章の薩摩弁を使うなら「ぎをゆな、はよせんか」の体制へと急変したのです。

そのような急変に対して西田はどのように対応したのでしょうか。自由な西田たちは二年ほど小さな雑誌をつくり、そこに西田もたくさんの文章を寄稿しています。それらを「我尊会有翼文稿」といいます。西田はここで自身を「有翼《うよく》」と号しています。有翼とは「自分は人間であるが翼ある鳥のように自由に飛翔するもの」であるという意味です。西田は有翼としての自分の生き方を次のように宣言しています。

（前略）己の欲せざる所は寸毫も人に従わず、飄然去り、飄然止る。唯我意之従うのみ。学校にありて校則を蔑視する糞士の如く、（中略）厳命も「へ」を聞くが如く酷罰も遠所の火事を見るが如し。（「西田全集」第十六巻、岩波書店、一九八〇年第三刷、六〇七頁）

この西田の文章を意訳すると次のようになります。私がやりたいと思っていないことを「やれ」といわれても、私はまったくやりません。自分の思うがままに生きるだけです。学校の校則など「糞」のように汚いものと思っています。だから、校則を守りなさいといわれても、それは「屁」のように軽いものですし、たとえそれで厳しい罰を受けたとしても、私には遠方の火事のように痛くもかゆくもありません。

右に意訳してみましたが、なんとも西田の青年時代の客気がびしびしと伝わってきます。私たちの世代から見れば、「明治の革命戦士ではないか」とつい錯覚してしまうぐらい、鬼気迫る迫力を伴った「宣言」です。しかしながら、このために西田は落第することになったのです。当時は、現代には存在しない「行状点」というのがあって、これが卒業の基準を満たさなかったので、西田は落第してしまいました。「行状点」といえば聞こえはいいですが、それはお行儀がいいかどうかを、つまり従順であるかどうかを判定するものでした。校則を守らない人は、行状点によって選別されていたのです。西田はこの処分（あえて処分と呼んでおきます）のあと、理科に転科しますが、一年後退学しています。

以上が、西田幾多郎の青春の蹉跌（失敗、しくじり）です。「若気のいたり」と呼んでもいいかもしれません。この蹉跌によって、西田は帝国大学の選科生というみじめな道を歩むことになりました。あたかも翼を具えているかの如く、第四高等中学校で青春を謳歌してきた自由の人西田幾多郎の忍従の日々が始まりました。もっとも尊敬していた北条先生には「再受験せよ」と叱られ、大学に入ってはそれまで親しくつきあっていた同級生たちに比べてあからさまな差別扱いを受け、先生のところに質問に行くと、選科生であるからと軽くあしらわれる、そういう日常が始まったのです。

3　屈従から明日へ

しかし、そういう日々のなかでもけっして西田は自分の目的を見失うようなことはありませんでした。西田が選科に入学したころ、帝国大学哲学科の外国人教師はまだブッセが務めていましたが（ケーベルは二年後に着任）、あらたに元良勇次郎や中島力造（一八五八－一九一八）という新進気鋭の教員が外国から帰国し、やがて教授として赴任したことを、西田は生き生きと伝えています（『西田全集』第十二巻、二四二頁参照）。西田は幸いに帝国大学の新しい教員から多くのことを学ぶことができたのです。とりわけ、西田は中島力造から大きな影響を受けました。中島は新島襄が設立した同志社英学校の第一期生で、アメリカで哲学の基礎と新しい哲学とを勉強し、イェール大学で学位を取得、そのままイェール大学で講師を務めた人です。中島はその後さらにイギリスおよびヨーロッパ本土で勉強し、十年の留学を終えて帰国したのが一八九〇年でした。中島は帰国後すぐに帝国大学哲学科で教えていましたが、一八九二年に帝国大学教授になります。一八九一年に選科に入学する西田は、こうして中島と出会うことになったのです。西田は帰朝直後の中島から当時の生き生きとした西洋事情とともに、トーマス・ヒル・グリーン（一八三六－一八八二）の「倫理学」を聴くことになります。西田は選科生でありながらも当代一流の哲学を聴く機会に恵まれたのです。実は、西田幾多郎の処女作はトーマス・ヒル・グリーンに関する論文です。次章では中島力造が西田にどのようなグリーンを伝えたかを述べようと思います。

いずれにしろ、西田はただ悶々と屈辱の日々を送ったのではなかったのです。西田は人生の悲哀を感じながらも、前向きに動き始めるのです。屈従の日々が、明日の栄光への基礎を形成していくことになりました。グリーンと西田の出会いをもって、日本哲学はいよいよ本格的に始動し始めるのです。

II

日本哲学の特質

3 中島力造のトーマス・ヒル・グリーン

前章の終わりで、「西田とグリーンの出会いと共に日本哲学が始まる」と述べました。グリーンという人物は、それほどに西田幾多郎および日本哲学にとって重要な人物なのです。日本哲学はヨーロッパの哲学の導入をもって始まりますが、とりわけ明治二十年代のドイツ系哲学の導入から、日本哲学の特質が形成されていきます。グリーンはイギリスの哲学者ですが、グリーンの哲学はドイツ哲学、とりわけドイツ観念論の影響をとても強く受けて成立しました。したがって、日本の哲学はドイツの哲学を、イギリスのグリーンを通して導入し始めたといえるでしょう。この導入に大きく貢献したのが、中島力造でした。この章では、中島がグリーンをどのように日本に紹介したかに焦点を当てます。そして、次章からはこの中島のグリーン論を踏まえて、西田がどのようにグリーンを理解したのかを論じていきます。

1　グリーンの人間観

西田はこの中島からグリーンの倫理思想を学びました。西田は中島からどのようなグリーンの倫理思想を学んだのでしょうか。なぜ、このようにグリーンにこだわるのかといえば、実は西田の処女作は「グリーン氏倫理哲學の大意」(『西田全集』第十三巻所収、以下「大意」と略記)という論文だからです。西田の作品としては、いうまでもなく『善の研究』が有名です。またこの著作は、日本哲学史上に輝く名著でもあります。しかし、西田はそれ以前に最初の論文として「グリーン氏倫理哲學の大意」を書いているのです。西田の出発点は「大意」なのです。しかも、この論文が『善の研究』の前提になっているのです。そういうことですから、私たちは「大意」をひもとく前に、まず西田が中島からどういうグリーンの学説を学んだのかを知っておかなければなりません。中島力造は一九〇九年になって『グリーン氏倫理学説』(同文館、以下「中島」と略記)を出版しますが、そこには西田が聴いたであろう、中島のグリーン論が展開されています。中島の講義でどのようなグリーン倫理学が語られたのか見ておきましょう。

グリーン倫理学は一般に「人格(自我)実現説」と呼ばれています。というのも、グリーン倫理学は人格(自我)の実現を目的とする倫理学だからです。人格実現を目的とするグリーン倫理学の基盤は、「自由」を人間の本質とするところにあります(「自由」については本章**3**および第10章で詳しく論じます)。そして、グリーンは自由を人間理性の働きに見ていました。一般に「理性」といえば、物事を論理的に考えるとか、客観的に見るとか、冷静な判断力というイメージが強いと思います。ただし、グリーンのいう理性は感性や感情などと対立するものではなく、それらを含む人間の心の働き、グリーン流に表現すれば「人心の全体」(『中島』一〇六頁)ということになります。グリーンの場合、広い意味で「人間の心」を理性と呼んでいたようです。

一方、グリーンにとって理性はたんに「人間の心」であるばかりでなく、「万有の本体すなわち実体」(同上)でもありました。このような立論の仕方に、洋の東西にかかわらず、哲学的思索の真骨頂があります。「本体」とか「実体」とは、「万物の根拠になっている真に存在するもの」という意味です。したがって、「万有」いうなれば「全世界」は理性であり、世界は理性によってできていると、グリーンは考えているのです。万物の実体としての理性を「世界理性」と呼ぶなら、「人間理性」も理性としていわば世界理性と同じものなのです。私流にわかりやすくいえば、世界理性が大理性であり、人間理性は小理性といえるでしょう。西田は後にこの世界理性を「大覚識」と呼び、人間理性をその現われとして「覚識」と呼びました。

グリーンはこうした理性の働きを「良心」と呼んでいます。「良心」とは理性の実践的働きを表わす言葉なのです。グリーンはこうした理性の実践的働きを「理想に関する理性の働き」(同上、一〇八頁)とも言い換えています。グリーンが人間の理性を「良心」と呼ぶのは、人間理性は自分のなかにある世界理性、すなわち「理想」に従う働きだからなのです。人間理性は理想の実現をめざして働く人間の実践力ということになります。「良心」とは、そういうひたすら理想を求めて、言い換えるとひたすら人格(自己)実現をめざして活動する理性のことに他なりません。中島はグリーンの人間観をこのようにまとめているわけですが、このような人間観を一般には「理想主義的人間観」といいます。十九世紀も半ば過ぎてから、ドイツ観念論風の理想主義哲学がイギリス、とりわけオックスフォードに入ってきますが、グリーンの人間観はその影響を受けているといわれています。

このような人間観に立てば、人間は理性である自分自身に従って活動する存在ということになります。このようにひたすら自分自身のなかにある「善きもの（理性）」に従おうとする心が「良心」なのです。理性に従って、「やるべきことをやり」、「やってはならないことはやらない」自分自身の理性に忠実に従う心が「良心」です。私たちは日々の暮らしのなかで、理性に従って道徳的価値判断をおこなっています。「私がこれを為すべきか否か」という局面に立たされ、なにがしかを選択することによって、私たちは個人としての自分の生き方を定めていくのです。あるいはそういう選択の積み重ねを通じて、自分自身を形成していくのです。

2　グリーンにおける道徳的価値判断の射程

他方で、中島はグリーン倫理学の特徴を、諸個人が「社会の風俗、制度、法律等」に関して下す判断もグリーンが道徳的価値判断とみなしているところにあると指摘しています。個人の価値判断はたんに個人の領域に止まるのではなく、つねに社会形成的に働いているのです。現代風にいえば、たとえば現在フランスなどで問題になっている「年金支給年齢の引き上げ問題」、世界で問題性が顕在化しつつある「ＬＧＢＴについての対応の仕方」、あるいはこれから深刻な問題になるであろう「安楽死をどのように認めるのか、認めないのかという問題」、日本にあってはこれから活発になるであろう「憲法第九条と安全保障問題」といった社会的問題への対応も、グリーンは道徳的価値判断と考えました。というのも、グリーンにあってはもともと「人類社会は道徳的に組織せられたもの」（同上、一一一頁）であったからです。つまり、グリーンにとって、私たちの社会は私たちの道徳的価値判断の歴史的積み重ねの所産でした。グリーンは道徳的価値判断に社会形成的働きがあることをしっかり認識していましたから、国家社会における「政治的側面」の重要性に気づいていました。こういうところに、ドイツ観念論の完成者ヘーゲルのグリーンへの影響を見ることができます。こうして「政治哲学」はグリーン倫理学の不可欠の領域になりました（後で論じますが、西田はなかなか政治哲学の重要性を理解できませんでした。このことが西田のグリーン離脱のもっとも大きな原因と考えられます。それはたしかにそうなのですが、考え方によっては西田は最初からグリーンを離脱していたともいえるかもしれません）。

それに対して、西田は道徳的価値判断をどうも個人道徳の範囲でしか考えていなかったようです。そのような西田の哲学の問題点を把握し鋭く批判したのが、西田の後継者・田邊元でした。田邊は「種の論理」において、類（国家）と個（諸個人）とを媒介する「種」（社会）の世界こそ人間にとってきわめて大切であることを理解していました。少し難しいですが、「種の世界」とは類と個がそこで現実化されている場所と考えればいいでしょう。「種の世界」とは、私たちが生きて働いている「生活世界」であり、「経済世界」であります。その領域への取り組みが西田の哲学にあっては、きわめて希薄であることを田邊は指摘し批判したのです。

それに対して、現実にどっぷり浸かり、その世界を具体的に論じ、そしてそこで生きた人こそ、実は稲盛和夫でした。稲盛は、西田や田邊のように何かに導かれるように「無の世界」、「悟りと称される世界」へ旅立ったりはしません。たとえ、稲盛がそのような真似をしているように見えることがあったとしても（なにせ得度までされていますから）、また稲盛がそのような世界にあこがれているように見えたとしても、むしろ稲盛は「色《しき》の世界」で「のたうちまわった人」でした。「色の世界」とは、いま私たちの前に拡がっている現実の世界であり、「私」がさまざまな人や物と複雑に絡み合って生きている世の中のことです。けっして性欲の世界のことではありません。私は西田の哲学などを論じた後で、稲盛のこの「のたうちまわり」に触れていくことになります（とりわけ第Ⅳ部において）。他方、私は個人的には、西田にはこの「のたうちまわり」がないと思っています。西田はさっと「色の世界」から離れ、自分の世界の中に閉じこもってしまいます。これからしばしば語られる西田には政治哲学がないという評価は、こうした「色の世界」からの離脱と自己の世界への閉じこもりを意味しているのです。本節ではグリーン倫理学における道徳的価値判断の射程の広さを下敷きにして、本書の骨格のようなものを、あらかじめ述べさせていただきました。

3　グリーンの「自由」観と理想主義

本章1で、グリーンは人間の本質を「自由」であることに見ていたということを述べました。この節では、グリーンの自由についてもう少し踏み込んでおきましょう。グリーンが考えていた「自由」とは、どのようなものなのでしょうか。中島はグリーンの自由を「自発的活動」（同上、一一二頁）とも呼んでいます。自由である人間理性は自分のなかにある「理想」に「自発的に」従って生きる「良心」でした。一般に、自由とは「何々からの自由」というように受動的な意味ももっていますが、グリーンの自由はそのような受動的自由ではなく、「積極的自由」を意味していました。グリーンはそのような「積極的自由」を「超経験的」なものとも規定しています。人間理性が「超経験的自由」と呼ばれるのは、人間が自分のなかにある理想に自ら積極的に従って活動するからに他なりません。「超経験的自由」とは、経験世界に囚われない、経験世界の影響を免れた自由を意味しています。人間の自由は自ら自己実現のために自分自身に従って積極的に働く「自発的活動」なのです。したがって、「自発的活動」としての自由は「超自然的」自由とも呼ばれるのです。超自然的とは身体的なものの影響を免れているということを意味しています。あえていえば、グリーンの自由は経験的、物質的なものから独立した、いわば「超越的自由」であるといえるでしょう。中島はグリーンを研究するときには、この点に「特に注意」(同上、一一三頁)しなければならないと警告しています。グリーンにとって人間の心は何があろうと、生まれつき「自由そのもの」なのです。なにせ人間理性はもっとも根源的な働きである大理性と同じ小理性なのですから。そうした自由をもつ小理性が自己実現をめざして、「自発的に」経験世界で「超越的に」活動するところに、グリーンの「実践」はあるのです。

以上のことから、グリーンは人間の自由、つまり人の心を現象界(経験界、物質界)に属するものではなく、「超経験的」な「叡智界」に属するものと考えているといえるでしょう。自由をこのように考えることによって、人心は理想化されることになります。グリーンの倫理学が理想主義と呼ばれるのは、ここにもその理由があります。このような極度の理想主義に愛想をつかした哲学者がいました。西晋一郎（一八七三―一九四三）です。西は戦前広島文理科大学の教授を長年務めた著名な皇国主義者でした。西は西田と同様に帝国大学にて中島のグリーン講義を聴いた人です。しかも、グリーンの主著*Prolegomena to ethics*を『グリーン氏倫理学』というタイトルで翻訳出版しました。このグリーン主義者西晋一郎も西田同様グリーンから足早に離れていきます。西は西田とはまったく反対の理由でグリーンから離れたのです。西田はグリーンの政治哲学という現実主義が嫌いでしたが、西はグリーンの極端な理想主義が原因でグリーンから離れていくのです。西は男女の愛に肉欲は欠かせないと考えますが、グリーンからはそのようなリアルな人間関係は感じられないとして離れていくのです。

4　グリーンにおける「自利」と「利他」

それにしても、なぜグリーンはこのような人間の理想化を図ったのでしょうか。中島はその理由を、私たち人間が現象界（経験界、物質界）の因果法則に拘束される存在であることを認めてしまえば、私たちは快楽志向を超えることはできず、結局「自利説」以外存在しえないことになるからとまとめています。

自利説、即ち自己の生命を維持保存し快楽を得ると云うより以上の目的を倫理は有するものとすれば、人心は物質界に属する因果律を以て支配する者にあらずと考えなければならぬ。（同上）

この引用文は、人間に利他的行為が可能であるとするなら、人間は因果法則に縛られている経験的、物質的存在であってはならないということを語っています。さらに、この引用文を一歩深めて逆読みすると、人心が経験的・物質的レベルのものであるなら、人間のすべての行為は自利的であるほかないとグリーンは考えていた、と中島は解釈しているのです。自利的な人間に利他的な行為が可能なのかどうか、それはとても難しい問題です。稲盛和夫は人間の利他性をいとも簡単に是認し、利他的行為を推奨しているように見えます。しかし、そもそも人間に利他的行為が可能かどうかを考えるのが哲学的に考えるということなのです。おそらく生物学には、人間を含む動物には純粋に利他的行為は不可能であると考えるグループもあるのではないでしょうか（この点については12章で考えます）。もちろん、その逆のグループも存在するでしょうが。あるいは利他性を「主観的な利他の思い」と規定し、少しでもそういう思いが入っている行為なら「利他的行為」と認めるグループもあるかもしれません。自利、利他の問題については、第10章、第11章、第12章で再度取り上げます。グリーン、西田、稲盛が「利他的行為」をどのように論じているかを稲盛を中心に比較しながら述べる予定です。なぜなら、「利他的行為」は稲盛フィロソフィの骨格を形成しているからです。

次に進みましょう。人心を超経験的なもの・超自然的なものと捉えるグリーンは、デカルト以来の心身二元論（心と身体はまったく別の実体であるという考え方）に、このような分割の必要があるのかどうかと疑問を投げかけています。もし、心身を分割できるのであれば、当然それらの結合の仕方が説明できなければなりません。デカルトは心身の統一は脳のなかの松果腺にあると考えましたが、もちろん現代ではそんな考えなど通用しません。

さらに同じような立場から、グリーンは進化論的世界観にも疑問を呈しました。適者生存を説く社会進化論であれ、劣者淘汰を説く社会ダーウィニズムであれ、歴史における進化は「無意識的変化」でした。しかし、グリーンにとって歴史は道徳的価値判断の積み重ねですから、「意識的変化」でなければなりませんでした。歴史をこのように捉えるグリーンにとって、本章**2**でも述べておきましたが、社会形成の舞台である政治は彼の哲学の重要な領域になりました。

5　グリーンの政治哲学
——国家において人格は実現される

私は前著『愈《いよいよ》つまらぬ様《さま》なり——西田幾多郎から田邊元へ』（ナカニシヤ出版、二〇二三年、以後「愈つまらぬ様なり」と略記）の最後に「世界の現在を読む」という一節を付け加えました。そこで、ウクライナ戦争はたんに異なる体制間の戦争ではなく、異質の文化間の戦争と見るべきではないかと提案しました。啓蒙の哲学に基づく近代市民革命以来、市民革命に成功した国々（英・米・仏）は政治的には民主主義、経済的には資本主義を発展させ自由で豊かな社会を形成してきました。そういう潮流に一時は逆らった独・日も、第二次世界大戦後そのグループに加わり、それらは現在西側先進国と呼ばれています。

啓蒙主義が導いている近代自由主義の本質は、個人を社会を形成する唯一の実在とみなす「原子社会論」と人間の自由を最大限認め政府の干渉を最小限に抑える「非干渉主義」に見ることができます。西側先進国は、もちろん程度の差はあれ、基本的にはこういう考え方を受け入れています。これらの国々では、啓蒙主義が主張する人権思想の実現と充実が図られています。たとえば、これらの国々では「ジェンダーフリー」の考え方も、程度の差はあるにしても、基本的には受け入れられています。近代啓蒙主義は二十世紀を過ぎてますますその人権思想を徹底していくのです。そういう人権思想を最大限受け入れていこうとする文化と、決して受け入れない文化（ロシア、中国）の衝突として私はウクライナ戦争を捉えました。もちろん、この戦争に関しては、プーチンの個人的野望など他にさまざまな戦争原因論が展開されますが、これらの原因の根本には文化の対立があると思います。この戦争は民主主義国家と権威主義国家（独裁国家）というたんなる体制間の争いではなく、文化という人間の本質に関わってくる争いですから、とても大きな危険をはらんでいると警鐘を鳴らしました。

一方、グリーンの自由主義は名誉革命以来イギリス（およびヨーロッパ）の伝統となりつつあった啓蒙主義の社会観や国家観とは異なっていました。どのように異なっていたのでしょうか。中島は『グリーン氏倫理学説』最終章第十七回を「グリーンの政治哲学」と題して、倫理学と政治学の関係から語り始めます。グリーンにとって、倫理学説は国家道徳を論じなければ完成することはなかったのです。なぜなら、人格（自我）の実現こそ人生の理想ですが、それは「国家的生活をなすことによって成し遂げられる」（「中島」三八三頁）からです。この点に、名誉革命以来のイギリスの伝統とグリーンの哲学の違いがあります。啓蒙思想は国民と国家を対立的に捉えていましたが、グリーンはそういう立場を取らなかったのです。中島によると、グリーンは倫理学と政治哲学との関係を、まったくアリストテレスと同じように考えた人でした。

そのことについて、中島は次のように語っています。

吾人が各自その理想を実現するは、国家的生活をなすことによって成し遂げらるるのである。国家を離れて単独に吾人は自己の理想を実現しうる性能をもたぬのである。それゆえに氏の説によれば倫理学説の結論として政治哲学を研究しなければならぬことになるのである。この点は古代のアリストートル［アリストテレス］と全く同様の立場である。アリストートルも倫理学を政治学の序論と考えた。政治学を研究するために倫理学を研究したのである。（中略）［アリストテレスは倫理学と政治学を］親密不離の学問と考えたのである。グリーンもその通りに考えた。（同上、三五三－三五四頁）

ここできわめて明確に、人格（自我）の実現は国家生活においてなされることが語られています。アリストテレスに限らず、アテナイの哲学では若干の強弱の違いはあれ、国家生活こそ人間にとって第一のものでした。というのも、個人の理想は国家生活のなかではじめて実現されるからです。個人道徳を対象にする倫理学は、国家社会の道徳を対象にする政治哲学と「親密不離」の関係にあります。したがって、倫理学は政治哲学の序論であり、同時に政治哲学において完成されるのです。

中島によると、グリーンの政治哲学は「国家の基礎は道徳である」（同上、三八七頁）と考えるところにその特質があります。道徳的なるものを人性の本質と考えるグリーンにとって、国家は当然こうした人間本性に基づくものと理解されていました。したがって、「風俗、制度、法律等」の社会の諸形態の形成ですら、グリーンにあっては道徳的判断の積み重ねなのです。こうした国家観に立脚しているグリーンは、国家形成を「社会契約」や「権力」に求める社会思想を否定しています。
中島は、グリーンが社会契約説や権力国家説を「独断」として厳しく批判していると力説しています。

［グリーン］氏の説によれば国家の基礎たるものは国家意志であって、権力ではない。国家には国家の意志がある。その意志が国家の根底をなすのであって、国家は有志者がみだりに契約などを結んで作った所のものではないと言っている。ゆえにグリーンは或る意味においては、国家は人性より起こる所の自然の産物と考えている。（同上、三八八頁）

国家意志は個人意志と同様に道徳的意志です。国家意志は個人意志の道徳的価値判断を通じて形成され、国家体制として現実化されたものです。中島によると、そうした国家をグリーンは「自然の産物」と考えています。啓蒙主義は個人を原子論的存在として捉え、原子論的個人を基に社会契約によって国家が形成されると考えます。また、絶対王政に代表される権力国家説は権力による全体主義的な支配を国家のあるべき姿として考えます。これら両説はこのように国家形成を「人為」とみなしているわけですから、国家形成を「自然」とみなすグリーン政治哲学とはまったく異なるのです。

6　グリーンの国家観

では、国家形成におけるグリーンの「自然」とはどのようなものなのでしょうか。グリーンにあっては、国家は道徳的なものである人性に基づくとはいえ、道徳も国家生活においてはじめて現実的なものになるのです。「国家ありて道徳生ず」といえるでしょう。グリーンは国家が存在していないときは、いかに道徳が人間本性であるとしても、それは「潜在」(同上、三八九頁)しているのだと考えていました。さらに、中島によるとグリーンにあっては「国家形成」も人間本性ではありますが、この働きも「潜在」しており、人類が「自然に」共同生活を始めるのと同時に徐々に現われ始め国家形成に至るというのです。グリーンにおいては、この国家形成をまって、道徳的な義務も権利も生じることになります。どうも可能態が文字通り「自ずから」現実態になることをグリーンは「自然」と語っているようです。中島はそれ以上には言及していません。

それではここで、中島の語るグリーン政治哲学の特質をまとめておきましょう。中島はグリーン政治哲学の特色を以下のように述べています。それらはこれまで述べてきたことではありますが、もう一回取り上げてまとめておきます。

> 多くの政治学者とグリーンの異なる所は、人格なるものは、国家によって初めてその理想を実現し得る所のものである。国家が存在せざる場合には、人格なるものは完全に成立し得ぬ。故に国家は人格の完成に欠くべからざるものと考えるのである。即ち他の言葉で言えば、人は国家成立以前に権利を有したのではない。国家が成立して初めて権利なるものが生じたのである。(同上、三九九頁)

以上はこれまで論じてきたところではありますが、ここにはグリーン倫理学人格実現説の骨格が示されています。すなわち、人格とは権利主体ではありますが、このような権利主体としての人格も、国家がなければ成立しえないのです。国家が存在してはじめて人格も生じ、そして人格を完成することもできるのです。

ただ、ここで一つ注意しておかなければならないことがあります。グリーンが人権を近代自然法的に自然権として考えていたのかどうかということです。この点について注意すべきこととは、人格とは権利主体ではありますが、その権利は国家が成立することによってはじめて生じるということです。しかしそれと同時に、中島はグリーンにあっては、人間は国家成立以前にも、やがて権利として生じる「性能」（同上、四〇〇頁）はもっていると考えていました。中島が「性能」として語っている人権を、近代自然法的な、つまり生得的な自然権として解釈しうるかどうかは微妙なところではないでしょうか。

これまでのことをまとめるなら、グリーンは国家の絶対性を主張し、人間の権利を自然権としては認めていないという解釈も可能になります。そうすると、グリーンはとてつもない国家主義者ということになるのでしょうか。しかしながら、中島は最後にグリーンの本当の姿を以下のように述べています。

国家は濫《みだ》りに個人の生命を奪い、又は他の権利を奪う所の権利はもたぬのである。国家それ自身がその目的を達するが為に必要なる場合に於てのみ之を犠牲にする権利があると考えたのである。故に個人の権利は全く国家の賜であるが、国家が任意に如何なる理由もなく、随意に奪い去るを得るものとは考えぬのである。国家の目的を達する上に必要なる場合に於てのみ奪い、或は之を無視する権利があると考えるのである。それ故に氏の説は一方に於ては極端なる国家主義に反対し。《（ママ）》又他方に於ては近来多くの学者が唱えた所の個人主義に大に反対を唱えて大打撃を加えたのである。

（同上、四〇〇－四〇一頁）

中島はグリーンを、「国家主義者」としても「個人主義者」としても捉えていません。中島はグリーンを国家主義と個人主義という両極端に反対した人として捉えています。したがって、中島はグリーン倫理学を極端な全体主義にも極端な個人主義にも走らない思想として評価しているのです。

本章3で西晋一郎のグリーン離れに触れておきました。西は理想主義者グリーンを見限りグリーンから離れ、グリーンの設定した境界を超えて国家主義者となります。他方、西田はまったくグリーンの政治哲学に馴染むことなく、ひたすら個人の殻にとじこもり続け、足早にグリーンから離れていきました。

4 西田幾多郎のトーマス・ヒル・グリーン

この章では、西田幾多郎が中島力造を通して、また自らグリーンを読んで、グリーンの哲学（倫理学）から、何を受け継いだか、あるいは何を受け継がなかったかの輪郭を明らかにしておきたいと思います。こうした作業を通じて、日本哲学の特質が徐々に明らかになっていくでしょう。

1 西田幾多郎とグリーン

（1）「グリーン氏倫理哲學の大意」について――西田がグリーンから受け継いだもの

前章でも触れておいた西田の処女作「グリーン氏倫理哲學の大意」という論文は、一八九五年（明治二十八年）に雑誌『教育時論』に発表されました。西田の主著『善の研究』の出版が一九一一年（明治四十四年）ですから、それより十六年も前の西田幾多郎最初期の論文ということになります。「大意」執筆は、東京で西田が中島力造にグリーン倫理学を習い、金沢に帰った直後のことですから、西田のみずみずしいグリーン理解がうかがえそうです。

しかし、西田はグリーンの倫理学をただ中島から教わっただけではありませんでした。西田は、後に西晋一郎が『グリーン氏倫理学』として全訳することになる *Prolegomena to ethics* を実際に読んでいます。私たちはこのことを故郷の友人山本良吉との書簡から知ることができます。また、最近グリーンのこの著作をまとめているノートも発見されました。そのノートはかほく市の西田幾多郎記念哲学館に保存されています。

この間の事情を示す、西田から山本良吉に宛てた、明治二十七年十月二十日付の書簡をまとめると以下のようになります。この書簡にはいくつかのグリーンに対する西田の思いが綴られています。まず、グリーンの学説を紹介したいということ。そのために実際にグリーンを読んでいるということ。読んでみると、期待に反してグリーンの文章は読みづらく曖昧なところが多いということ。しかし、グリーンの形は彼の形而上学においてヘーゲルの「弁証法」を取り立てて論じているわけではないが、グリーンの形而上学にはヘーゲルの影響が見られるということ。この書簡からは、こうした論点を確認できます（『西田全集』第十八巻、二九頁参照）。第3章冒頭でも少し触れておきましたが、明治期日本は一気に西洋の文化を取り入れました。哲学・思想分野においては明治初年から明治二十三年あたりまでが導入の第一期で、主として英仏（米）の哲学が導入されます。明治二十三年以降、英仏の哲学に代わって、ドイツの哲学が導入されるようになります。ドイツ観念論やヘーゲル哲学の影響の下に成立したとされるグリーン倫理学の導入は、我が国がイギリスの影響を受けつつも徐々にドイツの色に染まっていく「きっかけ」を象徴しているといえるでしょう（行安茂『トマス・ヒル・グリーン研究』理想社、一九七四年、八七－一〇四頁参照）。

『グリーン氏倫理学』（西訳）は四編から成っています。緒論の後に、第一編「知識哲学」、第二編「意志」、第三編「道義的（Moral）理想及道義的進歩」、第四編「道義哲学上の行為指導上の適用」と続きます。第一編から、認識論、意志論、道徳哲学、実践哲学という順で配置されています。しかし、「大意」では第三編の第二章までしか扱われていません。第三編第三章以後を、西田は「大意」では扱っていないのです。つまり、西田にとって第三編第二章以降はあまり関心がなかったようです。西田は「第三篇以下はつまらない」と切り捨てているのです。グリーンは第三編第三章から「共同善」を扱い始めます。したがって、西田が切り捨てているのは、「共同善」以降ということになります。先取りしていえば、この時期西田にはまだ、共同善が働いている社会や共同善を対象とする政治への関心はなかったのだといってよいでしょう。それに対して、西田は第三編の途中までは、つまり認識論や意志論についてはかなりの程度グリーンの所説に沿って肯定的に論じています。西田は認識論や意志論についてはたしかにグリーンを受け継いでいるのです。

（2）西田がグリーンから受け継がなかったもの

西田によるグリーン解釈を基にしてグリーン倫理学とは何かを考察するなら、グリーン倫理学はカントの倫理説、厳粛主義に近いところがあります。一般にグリーン倫理学はヘーゲル哲学の影響を受けているといわれていますが、「大意」における西田の総括を見ると、かならずしもそれだけとは言い切れないところがあります。もっとも明治二十七年十月二十四日の山本良吉宛の書簡には、次のようなことが書かれてはいます。

（前略）グリーンは何処までお読みなされ候や　小生は只今第一編を読み居り候　大体小生の意に合い頗る面白く候か　とうも尚曖昧なる處有之候か　且つ大抵カントとヘーゲルによれるものの如く左程斬新奇抜なるものとも思われす（後略）（『西田全集』第十八巻、一九八〇年第三刷、三〇－三一頁）

西田はこの書簡でたしかにグリーン倫理学はカントとヘーゲル哲学に依拠していると書いていますが、「大意」を読む限り、西田はグリーンとカントとのつながりに関心があったようです。もちろん先述したように、西田は書簡でグリーンの形而上学にはヘーゲル弁証法の影響が強く見られることを指摘してはいましたが、そのことについて深く論じてはいません。極力グリーンのヘーゲルとの親近性については論じることを避けているように見えます。いや、避けているというよりは、ヘーゲルの社会哲学や政治哲学はまだこのころの西田の哲学の関心の外にあったのではないでしょうか。その証拠に「大意」には「カント」は七回も登場していますが、「ヘーゲル」は一回も登場していません。また私たちは、人格の内へ内へと切り込んでいく西田の姿を「大意」の叙述のなかに確認できます。このような姿に『善の研究』第三編「善」の西田を見る研究者もいます。日本における戦後グリーン研究を代表する行安茂は、『善の研究』を西田の禅修行に裏づけられて完成したものと解釈し、『善の研究』では「禅の体験によって「グリーンの」自我実現が日本的に見直されているようにみえる」（行安茂「日本におけるT・H・グリーンの受容」行安茂・藤原保信責任編集『T・H・グリーン研究』御茶ノ水書房、三〇八頁）と述べています。「大意」の西田にあっては、人格の実現は、グリーンのように「国家」においてなされるのではなく、個々の自我の個人的陶冶によってなされるものであったようです。「大意」の西田にあっては、社会も国家も西田の哲学の「外」にあったのです。

ところで、多くの西田幾多郎論は、彼の哲学の出発点を『善の研究』であると語っています。たとえば、藤田正勝は「西田の思想の出発点となったのは、一九一一（明治四四）年刊の『善の研究』である」（藤田正勝『現代思想としての西田幾多郎』講談社メチエ、一九九八年、二二頁）と明言しています。その見方に異論をはさむつもりはありません。西田哲学の出発点としての『善の研究』は、膨大な「善の研究」論に支持されているのです。

それに対して、これまで論じてきた西田の処女作「グリーン氏倫理哲學の大意」は、これまであまり話題に上ることがなかったのではないでしょうか。しかし、私はこの処女論文は『善の研究』の「さきがけ」であると同時に、後年の田邊元による西田幾多郎批判につながる論点がいくつも内蔵されていると考えています。その論点が集約的に現われているのが「愈つまらぬ様なり」という、西田によるグリーン政治哲学に対する否定的評価です。それが「グリーン氏倫理哲學の大意」をその問題点だけとはいえ、本節で独立して論じた理由です。

先述しておいたように、『グリーン氏倫理学』第三編第三章からは、「共同善」が論じられることになります。いよいよ私たちの実践が、他者や社会との関係で論じ始められるのです。しかし、西田の論述は第三編第二章までで、第四編はおろか、第三編第二章以下も論じられていません。ここにはっきりと、西田の「第三篇の如きは愈つまらぬ様なり」（『西田全集』第十八巻、三一頁）というグリーン政治哲学に対する低い評価が現われていると思います。西田はグリーンの政治哲学については受け継がなかったのです。というよりも、それを拒否したのです。この点については、次の節でより詳しく論じます。

2　西田幾多郎とグリーンの共同善

グリーンの哲学の目標は「人格（自我）の完成」でした。とはいえ、グリーンにとって人格の完成は自己を内省し、自己を深めていくだけで実現できるものではありませんでした。国家においてこそ人格は完成されるものでした。したがって、グリーンは人格をいわば孤立的存在として捉えるのではなく、社会や国家のなかで共に生きる存在として理解していました。人間はひとりでは生きていけないし、ひとりでは人格を陶冶し高めることなどできないのです。国家社会のなかでみんなとともに生きていくことによってはじめて人格を高めることができるのです。そういう観点をグリーンの文章から読み取ることができます。

一方、社会や国家は、もともと個人に対して個人の自由を制限する働きをもっています。もし個人が無制限の自由をもっているとすれば、そうした自由を制限する働きなしには社会も国家も存立しえないからです。とするなら、個人と社会や国家はまったく対立するものなのでしょうか。グリーンにとってはそうではありませんでした。グリーンにとって、諸個人は孤立的・個別的存在ではなく、そもそも他者と共存することを本質とする共同的存在でした。グリーンにおける人格の自由とは、「共同善を志向する自由」なのです。そういう自由が存在しているところではじめて、「政治」が有効性をもつことができます。

西田にあっては、こうした社会や国家の問題そしてそれを運営する政治の問題が、視野に入っていませんでした。それを象徴する言葉が「第三篇の如きは愈つまらぬ様なり」でした。

(1)「愈つまらぬ様なり」の意味と共同善

まず、グリーンの *Prolegomena to ethics* についての西田の感想を知るために、山本良吉宛明治二十七年十二月一日付の書簡から始めます。西田はその書簡で、「中島先生はグリーンを読むのみなるや」とほんの少し前まで自分が住んでいた都の様子を山本にうかがいながら文を重ね、グリーンの感想を書き連ねています。

> グリーンの説は元来余が予期せし如き珍しきものには之なき様に存しられ候　自由意志の處は御説の如く小生も甚た詰まらぬ様に存し候　唯グリーンか第二編の始めに desire も perception の如く self-conscious subject の働きに由て生し blind impulse と異なりと云える處最も大切なる様にて　後は言語上の争いの様に御座候　第三篇の如きは愈《いよいよ》つまらぬ様《さま》なり（『西田全集』第十八巻、三一頁）

この書簡は以下のように読み下すことができます。

グリーンの *Prolegomena to ethics* を読んでみると、予想したようにそんなに珍しいものではありません。特に、第二編意志論で論じられる自由意志はとてもつまらないものです。しかし、その初めに登場するグリーンの意志論だけは見るべきものがあります。それは want（欲）と desire（願望）を明確に区別し、desire は perception のようにすでに「覚識」（引用文では self-conscious subject となっています。自己意識的主観（体）と訳せばいい）が働いていると考えたところです。これに比べれば第三篇以下（「以下」と付け加えた方がいいでしょう）は本当につまらないものです。

読み下すとこのようになります。

前章では「大意」の具体的内容については触れませんでしたが、ここでは want は「blind impulse」（盲目の衝動、フィヒテの「衝動」に重ねることができます）とも呼ばれる本能的欲望であり、desire は意志による知の働きを通じてその対象が立てられた願望です。このように展開されるグリーンの意志論を、西田は評価していました。意志は欲と対象を統一する働きでもありました。しかし、この書簡でもっとも注目すべきところは、これまでもしばしば指摘してきましたが、「第三篇の如きは愈つまらぬ様なり」という文章です。この文章について、これから考察していきます。

西田はグリーンの *Prolegomena to ethics*（先述したように西訳では『グリーン氏倫理学』です）を直訳して『倫理学序説』と訳しています。私は、西田は第三編の途中まで読み、第四編までは多分読んでいないのではないかと考えていました。「第三篇の如きは愈つまらぬ」わけですから、その可能性が高いと思われたのです。また、たとえ読んだとしても、それほど深読みしていないと推測できました。しかし、二〇二一年西田幾多郎記念哲学館から西田の新しいノートが発見されたとの情報を得て調べてみますと、そこに西田がグリーンの『倫理学序説』（西田の表現）をまとめた読書ノートも含まれていました。このことについては、本章の**1**の（1）で頭出しをしておきました。ここではもう少し詳しく報告しておきます。そこには五十五頁に及ぶ『倫理学序説』第三編の読書ノートもありました。西田はグリーンの『倫理学序説』を最後まで丁寧にノートを取りながら読んでいたのです。しかしながら、そのようにノートしながらも、第三編が「つまらぬ」のは、西田のなかに第三編を理解し得る受容体がまだ育っていなかったのだと考えざるを得ません。

何よりもまず、なぜ「つまらない」かが問題なのです。私の見るところ、西田はグリーンの第三編第三章以下で論じられる「共同善」について読書ノートを作ってはいても、それにあまり興味がなかったのです。つまり、先述したように、西田の内にはまだ、前章で述べたように共同善を扱う領域について評価しうるほどの受容体が育っていなかったのです。

さて、西田がこのように「愈つまらない」ものとして論じなかった「共同善」（戦前のグリーン研究の第一人者である河合栄治郎は“common good”を「公共の善」と訳していることをここで付け加えておきます）は、「わたし」にとっての善ではなく「みんな」にとっての善ですから、社会哲学や政治哲学の対象です。しかしこの当時の西田は、社会哲学や政治哲学の扱う対象が、「人格の完成」において必要欠くべからざる領域であることにさほど興味をもっていませんでした。むしろこの領域を避けていたような感があります。西田は「大意」の「第三篇道徳的理想論第二　道徳的理想の特質」において、

「道理と意志の本である」大覚識は、何において再現するかと問い、「大覚識は必ず亦道理と意志を有する自覚的自個即ち吾等個人に於て再現す」（『大意』三九頁）という答えを与えていました。西田にあっては、あくまでも大覚識（先述した「大理性」と考えてください）の再現はあくまでも個別的意識においてなされるのです。西田はグリーンをそのように読んでいるのです。したがって、前章でも指摘してはおきましたが、そこでは家族や部族や社会や国家という共同体およびそこにおける共同善はそれほど重要な意味を与えられておらず、個人の意識レベルないしは道徳レベルの「反映」のようなものとしてしか考えられていなかったように思われます。

(2) グリーンにおける「社会的なるもの」

それではここで、西晋一郎の訳した『グリーン氏倫理学』第三編第三章を使って、グリーンの他者観および社会観に触れておきましょう。まずは他者観から。

此の自我は人生の最も始原的なる形にありて既に複多なる興味によりて影響せられたる自我也、而して其等興味の中には他人（other persons）に関する興味もあり。此等他人に関する興味は、単に之を満足するの方便として他人に依るの興味にはあらずして、其等他人の善に関する興味なり、其等他人が満足せりということを意識するにあらざれば自らも満足せざる所の興味なり。（グリーン『グリーン氏倫理学』西晋一郎訳、金港堂、明治三十五年、三九三－三九四頁）

ここで展開される他者論に、グリーンの他者観がはっきりと表われています。グリーンは純粋無垢な自我など想定してはいません。自我はもともと「複多なる興味（manifold interests）」をもち、それらの興味を通じて形成されている存在です。自我のもつこの「複多なる興味」のなかに「他者への興味」もあります。しかしながら、この「他者への興味」は、それ以外の「物」に対する興味とは異なっています。他者は自我の興味の対象ではありますが、他の興味の対象とは違っているのです。他の興味の対象、たとえば物質的な願望の対象は、それを消費することによって満足が得られます。しかし、他者はけっして自我のこのような自己満足の「手段」ではないのです。そうではなく、他者が満足すること（他者の善）が、自己の満足（自己の善＝自我実現）のために必要不可欠であること、その意味で他者は自我の「目的のようなもの」であることが、ここでは語られているのです。ただ、目的といってもグリーンにおいては「他者の満足」ということですから、カントのような道徳的目的というだけではありません。「他者の満足」とは他者の願望（desire）が満たされるということを含みますから、いうなれば「他者の幸福」が「私の幸福」、「自己実現」の必要条件であることを意味していると考えられます。私たちはグリーンのこのような他者の位置づけのなかに、グリーンにおける幸福観ばかりでなく、人間観も再認識できます。すなわち、グリーンの語る自我は、もはや「市民社会」で私的利益だけをめざして活動する単なる「私的人格」ではありません。私的利益を求めるだけでなく、それと同時に「他者の利益」も求める存在なのです（谷川昌幸「T・H・グリーンとドイツ理想主義」行安茂・藤原保信責任編集『T・H・グリーン研究』御茶ノ水書房、一九八二年、二八八－二八九頁参照）。私的人格にとっては私的利益だけが目的ですが、グリーンの新しき人格においては、私的利益はもともと他者の利益を含んでいるのです。こうした自己と他者の関係は、もちろん「相互的関係」です。このような他者観が、グリーンの社会哲学や政治哲学の基礎になっているのです。

それでは次にグリーンの社会観について見ていきましょう。

今日にありて斯く分明に社会的なる興味（social interests）を以て最先的事実なりとして何等の進化の歴程（any process of evolution）によりても之を弁明せんと企図せざるは非哲理的（unphilosophical）なるがごとく思わるることあらむ。（グリーン『グリーン氏倫理学』西晋一郎訳、金港堂、明治三十五年、三九四頁）

先の他者観には自我の社会性が含まれていました。この引用文ではそれに加えて社会的自我の歴史性が強調されています。先述した他者観から明らかなように、グリーンの道徳的自我は自己の幸福ばかりでなく、それと同時に他者の幸福を願う存在でした。そういっていいなら、グリーンの自我がめざしたものは、私の幸福であり、あなたの幸福であり、そして社会全体の「幸福」でした。したがって、その帰結として、ここにはきわめて明確にグリーン倫理学における「社会的なるもの」の重要性が語られているのです。グリーンにあっては、こうした「社会的なるもの」に関心を抱くことが、何よりもまず優先されるべきことでした。次に、この「社会的なるもの」は歴史的に進展するものとして考えられていました。したがって、社会における自我の進化過程に興味をもち、その過程の解明を試みない哲学は、なんとグリーンには「哲学にあらざるもの」だったのです。グリーン倫理学にとって、「社会」と「歴史」は二つの重要な柱でした。

なお、第3章4で、グリーンと稲盛の進化理解については述べておきました。両者ともダーウィンの進化論に反対し、人間の進化には人間の意識作用が必要不可欠であると主張していました。

(3) グリーンにおける政治と自由

中島力造は、グリーンの国家を「人性より起こる所の自然の産物」(「中島」三八八頁)と説いていました。また中島は、グリーン政治哲学の特質を「国家の基礎は道徳である」(同上、三八七頁)という観点に見ていました。グリーンにとっては、国家も道徳も人間の自然でありました。また中島は、「人格の完成」はギリシア以来そうであるように、グリーンにとっても国家において実現されるということを強調していました。国家は歴史的に進展していく道徳の現われでした。その現われが共同善ですが、そうすると共同善として現われる道徳の完成が国家の完成、あるべき国家の実現ということになります。

他方、日下喜一はグリーンの「共同善」を次のように論じています。

この両者〔道徳と国家〕は一つの原理によって貫かれているという意味でまさに「密接に関連している」のである。「一つの原理」、それはいうまでもなく共同善の観念である。それはカントの「一般法則」のような絶対的・普遍的なひとつの理念であり、隣人に対する関心、いいかえればすべての人間の「人格の完成」を具体的内容とするものである。カントの場合には「一般法則」と国家などの制度とを無縁な関係に置いたが、グリーンはこの共同善の観念を道徳と政治を結ぶ媒介項とし、政治・国家理論を貫く価値原理として思想体系を構築する。（日下喜一「T・H・グリーンの政治思想」行安茂・藤原保信責任編集『T・H・グリーン研究』御茶の水書房、一九八二年、八四頁）

道徳と国家は一般的には対立概念と考えられています。道徳は自由の上に成り立つものですが、国家はこの自由を拘束するところに成り立つものです。近代においてこの対立項は、あるときは個別（個別的人権）と全体（国家主権）の対立として、またあるときは自由と平等の対立として相争ってきました。これらを統一することは近代政治哲学の課題でもありました。現代ではこの対立はより厳しくなり、先鋭化してきています。フランス革命後、ドイツの哲学者ヘーゲルは自由を廃棄してはじめて、真の国家統一が実現されると考えました。ヘーゲルは自由を棄てることによって個と全体の対立は統一され、それによって私たちは真の自由を得られると考えたのです。しかし、いまではそのような自由の獲得は、評価されていません。

しかしながら、グリーンは道徳と国家を対立項としてではなく、共に「人間の自然」として構想しました。道徳と国家のこのような位置づけの下で、道徳と国家は相携えあって、それぞれの完成を目的にして発展するものとなったのです。この発展において道徳と国家を結びつけるものが「共同善」であります。グリーンにあっては、道徳も国家も人間の自然ですから、両者とも本来同じ目的を共有するものでした。日下はそれを「一つの原理」といっているのです。ただ、日下はカントは人間の内なる道徳法則を社会の諸制度、国家体制と結びつけなかったと断言しています。この点については異論もあるかと思いますが、日下は道徳と国家を「一つの原理」として結びつけるのがグリーンの「共同善」であることを強調しているのです。

さて、日下がここで報告しようとしているのは、グリーンにおける「共同善構想に基いた自由主義理論の再構築」についてです。この試みは、フランス革命の悲惨を目の当たりにしてへーゲルが再考せざるをえなかった自由論の再構築に対比できます。そこで展開されるグリーンの新しい自由観を、日下は以下の二つにまとめています。

①まずグリーンの自由は「積極的自由」であること。「自由とは単に強制や苦痛を避けることではなく、つねにある意志を外部に表現すること、または表現する能力である。いいかえれば、自我の外的表現であり、自我実現という行動への発条の力である。そこに積極性がある」(同上、八五頁)。自由というとき一般に考えられている自由、すなわち被拘束からの自由は、けっして本来の自由ではありません。そうではなく、自我の自由は自己実現をめざしてみずからの意志を外部に自由に表現するところにあります。積極的自由とは、ただただ自己実現をめざす意志の自由のことです。
②グリーンの積極的自由とは「共同善を志向する自由」(同上)であること。自由が①のように積極的自由として捉えられるとき、当然のことながら自由と自由の衝突が懸念されます。それに対して、日下はグリーンのこの自由を「他人とともに為しまたは享受する」(同上)自由と定義し、その懸念を払拭しています。先に触れておきましたが、グリーンの自由は共同・協同する自由であり、自我は人格としてはたんなる私的性格ではなく、もともと公的性格をもつものなのです。こういう自我の能力を日下は「共同善に対する貢献のためにすべての人間が平等に所有する力」(同上)と評

価しています。

5 西田幾多郎『善の研究』における「実践」について

私たちはこれまで西田幾多郎の哲学の出発点が、グリーンの倫理学であったことを基本において、グリーンの倫理学とそれについての西田の理解の仕方について論じてきました。その結果、西田はグリーンの認識論や存在論の部分は継承しながらも、グリーンにとってきわめて重要な領域であった政治哲学的部分を「愈《いよいよ》つまらぬ様《さま》なり」として否定していることが明らかになりました。本章では、このような西田の立場が、西田の主著である『善の研究』でも継承されていくことを確認しておきたいと思います。

『善の研究』のなかの展開はまさしく哲学的議論ですから、稲盛流のフィロソフィに慣れている人は少し面食らうかもしれません。また、よく理解できないかもしれません。でも、哲学的議論がどんなものであるかという感じはつかめるかと思います。それなりに読んでいただけたらと思います。回りくどいように見えますが、稲盛の哲学がいかなるものであるかを理解するためには、哲学的議論の仕方を理解しておくことが必要であると、私は考えています。

1　意志と行為

『善の研究』は西田幾多郎の最初の著作です。多くの研究者が認めているように、西田の哲学がもつ基本傾向は『善の研究』のなかに詰め込まれています。本章では西田が私たちの実践的行為をどのようなものとして考えていたかについて、『善の研究』第三編「善」を中心にして明らかにしていきます。

私たちはさまざまな活動をおこないますが、西田は行為を「行為とは、その目的が明瞭に意識せられている動作の謂である」（『西田全集』第一巻、『善の研究』第三編「善」第一章「行為　上」、一九七八年第三刷、一〇二－一〇三頁、以下引用に際しては「善の研究」と略記）と定義しています。行為とは、けっしてたんなる反射運動や本能的運動ではなく、意識的な合目的的活動なのです。このように行為は、意識された目的によって起こるものですから、当然のことながら私たちの「意志」なくしては起こりません。では、意志はいかにして起こるのでしょうか。西田は次のように述べています。

まず、結果の観念を想起し、これよりその手段となるべき運動の観念を伴い、而して後運動に移るという風になる、すなわち意志なるものが発生するのである。（「善の研究」一〇三頁）

これが西田による意志発生の簡単なメカニズムです。もちろん西田はこれだけでは不十分と思ったようで、このメカニズムをさらに詳しく論じています。まず、西田は、ある結果を得たいという望みを「目的」とも言い換えています。ただこの目的は、「動機」に伴って発生するものです。行為の始まりは動機なのです。動機には肉体的原因と精神的原因がありますが、こういう原因を基にして私たちにはときに「衝動的感情」が生まれます。これが動機です。この動機は、当然のことながら「手に入れたい」結果（目的）を伴っています。ここに意志の原型が現われています。西田はこれを「欲求」と名づけ、これこそ「意志の初位」（同上、一〇四頁）とします。つまり、意志は欲求として始まるのです。ただし、欲求は一つとは限りません。複数の欲求があることがごく普通です。ここに欲求間の「競争」が起こります。そのなかからたいていの場合、大きな欲求が選択されるわけですが、西田はこれを「決意」といいます。意志とは、広義には、動機に始まり決意に至る「全体」のことなのです。私たちの「行為」は、この「意志」に従って起こるのです（同上、一〇三－一〇四頁参照）。

西田はまず私たちの行為について、右のように、心理学的に個人が行為へと至る過程を時間系列のなかで分析してみせます。ただここで一つ注意しておかなければならないことがあります。それは次のような文章に遭遇したときに生じます。

行為の要部は実にこの内面的意識現象たる意志にあるので、外面の動作はその要部ではない。なんらかの障害のため動作が起こらなかったとしても、立派に意志があったのであればこれを行為ということができ、これに反し、動作が起こっても充分に意志がなかったならばこれを行為ということ

はできぬ。（同上、一〇四頁）

注意しておかなければならないのは、人間の行為の本質は「内面的意識現象である意志」にあるという点です。西田にあっては「意志即行為」なのです。行為とは、かならずしも意識主体の外の世界でおこなわれる動作だけではないのです。意志さえあればそのような動作がなくても、そこに行為が予想されているのだといってよいでしょう。あるいは、次のようなことを考えることもできます。意志とはある行為への意志です。たとえ、そこで意図された行為が断念されたとしても、意識の内部で断念という行為があったのです。そのことを裏付けるようなことを、西田は次のように続けています。

意識の内面的活動が盛んになると、始めより意識内の出来事を目的とする意志が起こってくる。かかる場合においてももちろん行為と名づけることはできる。心理学者は内外というように区別をするが、意識現象としては全然同一の性質を具えているのである。（同上）

心理学者は行為における内と外を区別しますが、西田にあってはその区別は必要ないということです。西田にとっては「意識内」の「外に現われ出ることのない」行為が存在するのです。西田のこのような考えを支えている思想を、ここではあえて「意識中心主義」と呼んでおきます。というのも、意志は広義には意識作用ですから。

西田のそうした意識中心主義は、もちろん「意志」を主題的に論じている『善の研究』第一編「純粋経験」の第三章「意志」でも確認できます。

意志は精神現象であって外界の動作とはおのずから別物である。動作は必ずしも意志の要件ではない。ある外界の事情のため動作が起こらなかったにしても、意志は意志であったのである。（中略）意志には内面的と外面的との区別はないのである。（同上、二八―二九頁）

「動作」とは物理的に私たちの身体を動かすことであり、一般にいう「行為」のことです。一般に意志はその目的とするものを「動作」を通じて実現しようとする働きと考えられています。しかし、西田にあっては動作を伴わない意志もあるようです。動作とは外界に働きかける意志に基づく行為ですが、行為には動作を伴わない意識内で完結する行為もあるのです。

先ほど西田の意志論を「意識中心主義」と名づけました。しかしそうはいっても、西田の実在についての考え方を理解しなければ、西田意志論・行為論の「意識中心主義」はなかなか理解できそうにありません。そのために私たちは、『善の研究』第二編「実在」の第二章「意識現象が唯一の実在である」を中心にその周辺部分を取り上げ、「意識中心主義」についての理解を深めておく必要があります。次の2でその作業をおこないます。

2　西田の哲学は唯心論的であるか

（1）唯心論――バークリーからフィヒテへ

本章1もそうでしたが、ここからますます哲学の専門的議論が入ってきます。とても難しいですが、そのようなものとして読んでいただければと思っています。本項では、『善の研究』第二編「実在」の第二章「意識現象が唯一の実在である」で何が論じられているかを、まずその叙述に従って確認しておきます。

この章は「実在とはただ我々の意識現象すなわち直接経験の事実あるのみである」（『善の研究』五二頁）から始まっています。「実在」には「現実的存在」というニュアンスもありますが、また他方で「真に存在するもの」という意味もあります。西田の場合、前者の意味を含みつつも、「実在」には後者「真に存在するもの」・「真実在」という意味が与えられています。西田にあってはそうした存在は「意識現象」だけでした。西田は「意識現象」をすぐさま「すなわち直接経験」と言い換えています。直接経験とは西田が「純粋経験」と名づけたもののことに他なりません。この立場を支持する西田は、意識現象の外に不可知な存在として物の世界を立てるロックやカントの哲学を否定しています。それに対して、西田の意識中心主義に近い、バークリーやフィヒテが、まずは高く評価されます。

続く段落では、右の立場がさらに深められ、私たちの抱く身体感覚ですら「自己の意識現象の一部」（同上）とされます。そしてついに「意識が身体の中にあるのではなく、身体は反って自己の意識の中にある」（同上、五二－五三頁）とまでいわれることになります。私たちの身体といえども、意識現象なのです。こうした理解に従うなら、意識から独立した物の世界、さらには「不可知の或者」といわれる「物自体」までも、「思惟の要求によって想像した」（同上、五三頁）ものになってしまいます。そしてすべてをまとめるような形で、物の世界が「純粋経験の上より見れば」（純粋経験の統一作用から見れば）「意識現象の不変的結合」（同上）とされます。その結果、「物の存在とは説明のために設けられた仮定」（同上）となってしまいます。

ところが、「唯物論」はこうした「作られた存在」であるにすぎない物の世界を、「疑いのない直接自明の事実」（同上、五四頁）であると主張します。しかし、西田にとっては物の世界は所詮「意識によって作られた存在」にすぎないのです。したがって、西田は唯物論を「本末転倒」として否定しています。

しかしながら、こうした西田の主張は、本来の西田の立脚点である主客未分の「純粋経験」の立場とは異なっているのではないでしょうか。小坂国継も指摘しているように、これでは西田が「唯心論」に近づいているように見えてしまいます（小坂国継『善の研究』西田幾多郎全注釈、講談社学術文庫、二〇〇六年、一四四頁参照、以下「小坂」と略記）。また、私たちは『善の研究』のいたるところで西田の唯心論的立場を目にすることができますが、とりわけ『善の研究』第二編第九章「精神」でそれを確認できます。たとえば、西田は次のように語っています。「自然現象をば直接経験の本に立ち返ってみると、すべて主観的統一によって成立する自己の意識現象となる。唯心論者が世界は余の観念なりというのはこの立脚地より見たのである」（『善の研究』八八頁）と。

稲盛のフィロソフィに親しんでいる人は、このような推論に慣れていないでしょうが、もう少し我慢してください。稲盛自身はこのような推論を自分のなかで展開しているのでしょうが、このような展開は稲盛の文章として外に現われてはいません。ともあれ、議論はもう一段、難しくなります。しかしこれからが真正の哲学的議論です。

さて、西田は引き続き、「有即知」(esse=percipi、「存在とは知覚である」という意味)というバークリー哲学を援用しながら、自分の「意識現象の外に独立自全の事実なし」=「意識中心主義」という立場の正当性を強く前面に出してきます。しかし、こういってしまえば自分の立場が唯心論的であると誤解されることを西田もよく承知していたようで、以下のように弁明してもいます。

余がここに意識現象というのはあるいは誤解を生ずる恐れがある。意識現象といえば、物体と分かれて精神のみ存するということに考えられるかも知れない。余の真意では真実在とは意識現象とも物体現象とも名づけられないものである。また、バークレーの有即知というも余の真意に適しない。

(同上、五四頁)

ここではっきりと西田の哲学の真実在である「純粋経験」が、「意識現象とも物体現象とも名づけられないもの」として前面に押し出されます。西田は自分の哲学の立場はけっして唯心論ではないということ、したがってバークリーの立場でもないということを主張しているのです。しかし実際には、西田の叙述のなかには、唯心論的傾向をうかがわせる部分が頻出しています。また、純粋経験が「意識現象とも物体現象とも名づけられないもの」であるといったとしても、純粋経験自体が意識現象であると指摘することも可能です。ここで語られている真実在・純粋経験とは、反省された(意識された)無意識(純粋経験)の意識なのではないでしょうか。バークリーを唯心論的として否定しながらもなお、西田にあっては唯心論的なるものが主張されているのではないでしょうか。

ただし、西田はけっしてバークリーのような唯心論ではないことを、フィヒテを持ち出して次のように強調します。「直接の実在は受動的のものでない。独立自全の活動である。有即活動とでもいった方がよい」（同上）。私たちがこの文章のなかでフィヒテ哲学が語られていることを見出すのは、「有即活動」という表現を通してです。藤田正勝は岩波文庫『善の研究』のこの箇所ではこれに言及していませんが、前出の小坂はこれをフィヒテの「事行《じこう》（Tathandlung）」であると明言しています。「事行」とは、フィヒテ哲学の根本概念であり、「自我（Ich）」の基本的存在構造を表わしています。フィヒテにあっては、「事行」は、『全知識学の基礎』の第一原則、自我の根本原則として語られます。フィヒテは第一原則によって何を語ろうとしたのでしょうか。

この第一原則はフィヒテ『全知識学の基礎』第一章で語られています。以下で、その概略を述べておきます。第一原則は「自我は根源的に自己自身の存在を定立する」（*Fichtes Werke*, Bd1,Walter de Gruyter,1971,98. 以下WLと略す。訳は山内訳であり、頁数は原典の頁です）という命題で表わされます。この命題は自我の二つの働きを同時に表現しています。その二つの働きとは、「自我は自己を定立したが故に、自我はある」と「自我はあるが故にこそ、自己自身を定立する」という働きです。西田の「有即活動」とは、フィヒテが捉えた自我のこのような（在るがゆえに働き、働くがゆえに在る）存在の仕方を表わしているのです。

フィヒテはこのような自我を次のように表現しています。

> 自己自身を存在するものとして定立するという点にのみ、その存在（本質）があるところのものが、

絶対的主観としての自我である。(WL, 97)

自我は定立する「活動(Handlung)」であると同時に、その活動の産物、「事(Tat)」なのです。このような「事行」としての自我を、フィヒテはここでは「絶対的主観(das absolute Subjekt)」と呼んでいますが、まもなく「絶対我(das absolute Ich)」と呼ぶようになります。フィヒテは自我をこのように論じることによって何を語りたかったのでしょうか。

フィヒテは第一原則を導出した後で、カントに続いてデカルトとラインホールトを批判しています。デカルトは「われ思う、故にわれあり」と語り、ラインホールトは「われ表象す、故にわれあり」と語っています。両者は「思う」と「表象する」から「われ」の存在を導き出しているのです。しかし、フィヒテによれば、「思う」にしろ「表象する」にしろ「存在のある特殊な限定」にすぎません。このようなものを学の原理とすることはできません(WL, 100 参照)。それでは、デカルトやラインホールトは自我の本質としての「思惟」や「表象」に到達しながら、なぜフィヒテの「事行」に至らなかったのでしょうか。デカルトやラインホールトには、伝統的な実体形而上学が前提としてあり、「思惟する実体」や「表象する実体」があらかじめ前提されているのです。フィヒテの論述からはそう解釈できます。すなわち、フィヒテはデカルトの「われ思う、故にわれあり」の真相を「われあり、故にわれあり」であると批判しているのです。フィヒテは自我の第一原則を通じて、実体を前提とする伝統的形而上学を批判しているのです(WL, 98-101 参照)。

右のような意味で、西田幾多郎は「思惟する実体」を前提にしているバークリーの哲学を批判しているのです。そして、バークリーを批判すると同時に、伝統的形而上学批判を含んだフィヒテの自我を「有即活動」として高く評価し、西田自身の哲学に近接するものとして紹介しているのです。西田は自分の哲学がバークリーの唯心論的傾向と同一のものとして誤解されないために、バークリーを批判し、フィヒテの自我哲学を称賛していると考えることができます。『善の研究』執筆時点での西田の哲学は、フィヒテの自我哲学に相通じるものがありました。西田は自己の哲学が唯心論的傾向を有するという批判を免れるために、バークリーを批判しフィヒテとの親和性を説くのですが、そうであるからといって西田が唯心論的傾向から免除されたということにはならないと思います。なぜなら、フィヒテの自我哲学は十分に唯心論的であるからです。フィヒテにあって客観は「自我ならざるもの」、即ち「非我(Nicht-Ich)」として従属的・付随的場所しか与えられていませんでした。もちろん、自我が自我であるためには、非我の存在が必然であるとしてもです。

(2) 純粋経験こそが真実在である——西田、独我論を否定する

西田はフィヒテの「有即活動」を称揚した次の段落で、西田自身の「意識現象をのみ実在とする」(『善の研究』五四頁)立場は、けっして唯心論のもっとも悪しき形態である「独我論」(西田は「独知論」と呼んでいる)ではないことを強調しています。そのように強調するということは、西田自身が自分の「純粋経験」の立場は、「独我論」と受け取られる「可能性」があるということを意識していたからではないでしょうか。まず西田は、意識現象というときには、そこに意識の「統一作用」(同上、五五頁。西田はこの作用を「統覚」とも呼んでいます)が存在し働いているということを意味しているにすぎな

いのだということを確認しています。つまり、そこではいかなる思惟主体も感覚主体も予想されていないのです。

次に、西田は「純粋経験」においては「知情意」は一つであると考えますが、そのような純粋経験こそが真に実在するものであるから、最初から独立した個人という実体があるのではないと、次のように展開します。

> 我々が個人なるものがあって喜怒愛慾の情意を起こすと思うが故に、情意が純個人的であるという考えも起こる。しかし、人が情意を有するのでなく、情意が個人を作るのである。情意は直接経験の事実である。（同上、六二頁）

西田は純粋経験においては知情意は一つであるという自身の考えを基にして、特異な知情意論を展開しています（グリーンにあっては、知情意は「理性」において一つでした。西田にあっては、知情意は「純粋経験」、「活動」において一つでした。ただし基本的に、両者の知情意の理解においてそれほどの違いはありません）。私が在って、そこに何らかの感情が芽生えるのではなく、先在する感情が私を作るのであると。このような仕方で西田は個人的意識の先在を否定して見せます。

稲盛フィロソフィに親近感をもつ方々は、こういう論理の展開にあまり馴染みがないのではないでしょうか。先述したフィヒテの自我論にしてもそうではないでしょうか。「私」があってしかる後にさまざまな経験が始まると考えるのが健全な常識だと思います。でも、哲学はその常識を疑うところから始まるのです。そうではありますが、稲盛が哲学者に対して「［哲学者は］難解な抽象的思考に陥り、青少年にわかるように人生の目的や人生の意義を語ってはいません」と語るとき、右のような議論が稲盛の脳裏をかすめていたのではないかと想像します。実はこういう議論こそ哲学の基礎なのですが。いずれにしろ、上述したところでは一応独我論が否定されているように見えます。

(3) 普遍的理性としての私

さて、西田は『善の研究』第二編「実在」の第二章ではこれ以上独我論否定を展開してはいません。しかし、他の箇所では別の仕方でこれを展開しています。『善の研究』第二編第六章「唯一実在」では、「意識活動こそ実在である」ことを出発点として、突然この意識活動は宇宙を支配する「唯一実在の唯一活動」（同上、七二頁）の現われ（西田は「理」の現われとも「大覚識」の現われともいっています）として展開されています。西田はこれを「意識の根底には普遍の統一力が働いている」（同上、七四頁）とも語っています。また、西田は『善の研究』第二編第十章「実在としての神」で、「実在の根底には精神的原理があって、その原理がすなわち神である」（同上、九七頁）とも語っています。したがって「実在の根底にある精神的原理」とは、「唯一実在の唯一活動」の原理です。とするなら、「唯一実在の唯一活動」である「普遍の統一力」とは、精神的なものとなります。ただし、西田はその直前で「精神と自然とを合一したものが神」（同上、九六頁）とも述べています。「普遍の統一力」である神の活動は、当然そこにたとえば精神と自然というような対立や分離が存在しなければ始まりません。神は統一ですが、統一であるためには自らの内に対立を含んでいなければならないのです。しかし、対立が始まるときには、神は「精神」として働くことになるのです。「意識活動こそ実在である」とは、まさしくそういうことなのです。こういう展開の仕方が哲学的展開であると考えてください。いずれにせよ、私たちの意識活動とは、神の精神的働きの現われということになります。こうして、日本哲学の特質の一つは「私たちの根底で働く神的なものの精神的活動」を認めるところにあるのです。

人間の道徳的意識活動を、稲盛はしばしば神のようなある絶対的存在の現われであると、いたるところで臆面もなく確信をもって語っています。西田における神と人間の意識との関係については右の段落で簡単に述べましたが、そのあり方は西田（グリーン）と稲盛ではそんなに違いはありません。ただ、西田が神的絶対者と人間との関係について深く思索を重ねているのに対し、稲盛は確信をもって断言しているのです。そういう違いはあります。

心理学ではこの統一力を「脳」に還元しますが、このような心理学による還元は、「意識外に独立の物体を仮定する」（同上）ものであると、これまでと同じやり方で西田は批判しています。やはり西田にとって意識の統一活動こそ「唯一実在の唯一活動」なのです。意識の活動は、たとえば脳のような「或他の実在よりして出てくる」ものではなく、意識の活動自身が実在なのです。西田はこのように人間の意識活動を大脳生理学に還元することを断然拒否します。稲盛も基本的には西田と同じ立場です。ただし、西田ほど明確ではありません。しかし少なくとも、稲盛自身は自分を少しも唯物論者などとは思っていません。稲盛は肉体と魂の分離を信じ、魂を「意識体」と名づけ、「意識体」の輪廻転生をいたるところで説いています（たとえば「稲盛の哲学」六九－八二頁参照）。その意味で稲盛は肉体の有限性をもちろん認めると同時に、魂＝「意識体」の永遠性を認めています。というよりも、魂の永遠性を希望し期待しているといったほうが適切かもしれません。

さて、こうした実在としての意識活動の構造を基にして、各意識の根底には「普遍的理性」(『善の研究』七五頁)が働いているから、私たちの意識は普遍化されているのだと、西田は次のように展開していきます。

ただにいわゆる普遍的理性が一般人心の根底に通ずるばかりでなく、ある一社会に生まれたる人はいかに独創に富むにせよ、皆その特殊なる社会精神の支配を受けざるものはない、各個人の精神は皆この社会精神の一細胞にすぎないのである。(同上)

普遍的理性の導入によって、ここでは個人が「社会精神の一細胞」として展開されています。普遍的理性によって、私の意識もあなたの意識も一つの意識として連結されるのです。個別的個性的個人は影を潜め、ヘーゲルの「精神」概念を彷彿《ほうふつ》とさせるように、個人が社会精神、時代精神(この引用文には出てきませんが、当然背面に「時代精神」が隠れています)を担う「普遍的個人」として展開されています。右のように西田が読めるなら、個人は社会的理性、歴史的理性となります。このような個人の捉え方は、西田への独我論批判に対する反批判の役割も果たしてくれることでしょう。しかしながら、西田はこういう観点を、この時代もまた後年になってもそれほど強く意識することはなかったように思えます。この時代の西田に対する唯心論批判、独我論批判は『善の研究』の内容からおのずと生じてくるものでした。

6 西田幾多郎『善の研究』における意志の「自由」と行為

前章では西田幾多郎実践論の原理的な部分を中心に見てきました。そこでは西田の哲学を「意識中心主義」と命名し、その唯心論的傾向を指摘しました。しかし、唯心論が陥りがちな独我論的傾向を否定するために、西田はバークリーの哲学を批判し、フィヒテの哲学を称揚していました。このように若き西田はフィヒテ哲学の立場に依拠していましたが、その傾向は後年も変わることなく続きました。

私たちはグリーンから西田へと続く日本哲学の系譜に着目してきたわけですが、その流れがいわば日本哲学の特質を形作ってきました。それは神と呼ばれる絶対者と有限な存在である人間との関係に関わっていました。グリーンの哲学は一般に「イギリス理想主義哲学」を代表するものとされます。西田幾多郎はもともと自分のなかにあった「禅」を基礎にして、グリーンの哲学を受容しました。その受容形態を私たちは「神と人間との関係」に見ることができました。西田は世界の根底で働いているグリーンの神的理性を、「大覚識」として受け容れました。グリーンによれば私たち人間は、神と同じ「理性」であり、西田的にいえば「覚識」でした。覚識とは意識する働き、知る働きである精神的作用です。私たちは神的理性を「大理性」、人間的理性を「小理性」と名づけました。また、後者は神的存在である前者と同様に「道徳的存在」でした。道徳的存在である私たちは、神の指し示しに従って道徳的に生きることによって、いわば「自己実現」を果たす存在として位置づけられていました。このような神と人間の関係構造に私たちは日本の哲学の特質を見ました。

次に、グリーンにあっては道徳的存在である人格としての私たちの完成は、国家において実現されるものでした。グリーンにあって、人間はもちろん個的存在であると同時に共同的存在でありました。そこで注目されたのが「共同善」でした。しかし、西田にあっては人間はどちらかといえば「孤立的存在」でした。共同的存在であるグリーンにおける人間の自由については、第4章の最後に論じておきました。簡単にいえば、それは「積極的自由」でした。その自由は「自己実現を目指す意志の自由」でした。さらに、グリーンの積極的自由とは、同時に「共同善を志向する自由」でもありました。グリーンの人間像は「公的性格」をもつものなのです。こういう自我の能力をある研究者は「共同善に対する貢献のためにすべての人間が平等に所有する力」とも呼んでいました。

基本的な世界の存在構造においては、グリーンも西田も同一です。しかし、右に見たように、その人間像に着目するなら、西田の人間は「孤立的存在」であり、グリーンの人間は「共同的存在」であります。両者の人間像はかなり異なっています。西田には「共同的存在」としての人間像がなかったから、社会や国家などの共同体を扱う政治哲学は「愈《いよいよ》つまらぬ様《さま》なり」だったのです。それでは西田にあっては、「自由」がどのように論じられているかを以下で見ていきましょう。

1　行為と意志

西田は『善の研究』第三編第二章「行為　下」を、第一章「行為　上」は心理学的に行為が意識においていかなる現象であるかを論じたものであるという前置きから始めています。「行為　上」で、西田はまず私たちの行為について、心理学的に個人が行為へと至る過程を時間系列のなかで分析していました。そうした分析を通じて主張される西田の行為論に見られる立場を、私たちは「意識中心主義」として総括しました。そして、こうした哲学的立場は西田の哲学を唯心論的、独我論的立場へ導くのではないかと危惧し、その点に留意しながら『善の研究』を読んできました。以下では、これまでの議論を踏まえて、まずは「行為　下」でいかなる行為論が展開されるのかを見ていきます。

「行為　下」は、哲学的に「行為の本たる意志の統一力なるものがいずこより起こるか、実在の上においてこの力はいかなる意義を持っているか」（『善の研究』一〇七–一〇八頁）を論じることになります。まず「意志の統一」です。西田によると、「意志の統一」とは「ある定まれる目的によりて内より観念を統一する」（同上、一〇八頁）働きのことです。したがって、「意志の統一」とは、何らかの目的に基づいて諸観念を統合する働きであると理解できます。西田はまず、動物の有機体にも「生活の維持発展」（同上）のため、無意識的にも意志による統一作用が生じることを認めています。この統一作用は動物の食餌行動を例として挙げることができます。したがって、ここにいう「生活の維持発展」とは、むしろ「生命の維持発展」と読むほうがより適切でしょう。それは生物学的本能ともいえるものです。それに対して、西田は、科学者がそれによって「高尚なる精神上の要求」（同上）をも、こうした動物的有機作用に還元することを厳しくいさめています。

右の科学者のような唯物論的主張に対して、前章**1**でもすでに述べておいたように、『善の研究』第三編第二章でも、西田は自分の「唯心論的立場」を以下のように打ち出しています。

物体が意識を生ずるのではなく、意識が物体を作るのである。最も客観的なる機械的運動という如きものも我々の論理的統一によりて成立するので、決して意識の統一を離れたものではない。（同上、一一〇頁）

この文章には、これまで述べてきたような西田の「意識中心主義」が色濃く出ています。物体はけっしてそれ自身で存在するのではなく、意識がその論理的統一でもって「構成」したものであることが断固として主張されています。意識と意志の関係について、西田は「意志は我々の意識の最も深き統一力」（同上）であると続けます。そして、そのような「意志の統一力」をもって、西田は明確に「自然は意志の発現」（同上）であると断言するのです。西田は自分の「純粋経験」の立場はけっして「意識現象でも物体現象でもない」ということを強調していましたが、ここでは「物体現象」が「意志の発現」として唯心論的に解釈されているように見えます。「行為　下」では「行為　上」の「意識中心主義」の立場が、いっそう強化されているといえるでしょう。

西田は「強化された意識中心主義」の立場を、意志は心理学的には意識現象にすぎないが、哲学的には「実在の根本」(同上、一一〇頁)であると総括しています。また、意志を「実在統一力」(同上、一一〇頁)とも呼んでいます。意志こそ、そう呼んでいいなら実在する「力」、「活動」なのです。こうした意志のもつ働きをしっかり踏まえて、西田は『善の研究』第三編第三章で、「意志の自由」について論じていきます。意志はもともと自由であります。私たちは自分が自由に意志し行為していると思っているから、自分の行為について「責任、無責任、自負、後悔、賞賛、非難等」(同上、一一一頁)の念が生まれるのです。つまり、意志の自由がなければ、道徳の問題も倫理の問題も出てきません。しかし、一口に「意志の自由」といっても、さまざまなことが考えられます。西田は『善の研究』第三編第三章で、「意志の自由」について「深く切り込んでいる」といわれていますが、はたしてどうでしょうか。

2 「意志の自由」
——「結合の強度が強迫的なる場合」

西田によると、私たちに「観念結合において選択の自由」があるときに、私たちは自由であるといえます。しかし、私たちの思惟は先天的な同一律や矛盾律(生まれつき人間に備わっているとされる思惟法則)に従わざるをえません。それが人間です。そうした思惟の法則を超えていこうとすれば、狂人になるしかないでしょう。しかし、かつてそうした無謀な試みを小説のなかで試みた詩人がいました。哲学者西田は、もちろん誇大妄想的詩人(埴谷雄高)のようなこうした無謀なことを考えたりはしません。

ただ観念成立の先在的法則の範囲内において、しかも観念結合に二つ以上の途があり、これらの結合の強度が強迫的ならざる場合においてのみ、全然選択の自由を有するのである。（同上、一一二頁）

私たちは私たちに先天的に備わっている思惟法則には従わざるをえませんが、その「範囲内で」私たちには自由に観念を結合する自由があることを、西田は認めています。それが引用文では「結合の強度が強迫的ならざる場合」として語られています。意志の自由とはこの範囲内のこと、すなわち観念結合の自由であります。この点に人間的自由があることは、留意しておかなければなりません。ただ私たちはその前に、ある重大なことを指摘しておかなければなりません。それを以下で論じたいと思います。

それは、西田においては「結合の強度が強迫的ならざる場合」についての言及はあっても、「結合の強度が強迫的なる場合」についての言及がないということです。前者においては観念結合の自由が存在します。しかし、後者において観念結合の自由はきわめて少ししか存在しないか、まったく存在しないかです。西田はここで「意志の自由」を論じているわけですから、後者に言及がないのは当然といえば当然かもしれません。そうではありますが、ここでこの後者の問題について少し考えてみたいと思います。

「結合の強度が強迫的なる場合」とは、「観念結合における選択の自由」がなく、「意志の自由」が抑圧されている状態のことです。私には、「結合の強度が強迫的なる場合」という後者の観点に思索が及ぶかどうかが、「政治哲学」という土俵が設定されるかどうかの「分かれ目」だと思われるのです。実は、私はすでに「結合の強度が強迫的なる場合」の具体例を前著『愈つまらぬ様なり』への書き出し部分（第一部第一章、第一節および第二節）で提起しておきました。とりわけ、その第一章「田邊政治哲学の影」第二節で『わがいのち月明に燃ゆ』の京都帝国大学生林尹夫《はやしただお》の例を引いておきました。田邊元の『歴史的現実』を読んでいた林は、特攻を志願し戦火に散りました。林と同様に多くの学生がえらい哲学者や国家から戦場に赴くように鼓舞されました。学生たちは選択の幅を奪われた結果、国家のために命をささげる道を選びました。どんなに若者たちの死を美化しようと、真実はそこにあるのです。戦前の日本の国家的状況は、まさしく「結合の強度が強迫的なる場合」に該当し、「選択の幅が極めて狭い状態」にあったのです。

こうした「結合の強度が強迫的なる場合」に対して、田邊元（一八八五－一九六二）はそうした状況を積極的に受け容れ、この状況について深く思索し、学生たちに国家のために命を投げ出すように力を込めて演説しています（「田邊元の政治哲学」第一章、第二章参照）。その演説は翌年の昭和十五年に『歴史的現実』として岩波書店から出版されました。また、広島文理科大学の教授であった西晋一郎も、そしてその弟子で広島高等師範学校の教授であった森瀧市郎（一九〇一－一九九四）も田邊と同じ途を採用しました。森瀧は「全体の幸福のために個の幸福を犠牲にすることが正義であることを証明する」（『過剰な理想』晃洋書房、二〇一九年、一九六頁、以下「過剰な理想」と略す）という課題を立て、その課題を功利主義を用いて証明して見せました。そして、全体のために個を殺し全体のために死ねる（利他的）存在を、森瀧は「理性的自利主義者」と呼び、このような人材を育てることを教育の理想としました。また、そうした死に至る行為に宗教的装いをまとわせ、そうした行為を「自利主義の自己解脱」とも名づけまし

た。（同上、一九三－一九八頁参照）

このように「結合の強度が強迫的なる場合」には、なんと個の否定が自由を意味することになってしまうのです。自由が少ししか認められていない場合には、「自己否定」という真の自由があるのだという仮想現実を捏造することによって、人間的自由を担保したのだといってもいいかもしれません。こうした自由の捏造は、「結合の強度が強迫的なる場合」の唯一の人間的自由の担保の仕方かもしれませんが、ここには間違いなくとても大きな問題が横たわっています。日本哲学が抱える大問題といえるかもしれません。つまり、「利他」とは何かとか、そもそも人間に「利他的行為」は可能であるのかとか、それが可能であるとしてもいかなる条件の下でなら可能であるのかとか、そういう問題を私たちは考えなければなりません。それが哲学です。稲盛和夫はいたるところで「利他的行為」を薦めますが、稲盛は人間には「利他的行為」が可能であるということを前提にしているように見えます。「利他の心」は稲盛フィロソフィの説く人間性の中心概念であるというのにです。稲盛フィロソフィの中心概念である「利他の心」については、第8章以降で日本の哲学と比較しながら詳細に論じます。

戦後、田邊元は彼の社会変革思想の一部を、イギリスの社会民主主義者ハロルド・ラスキの政治哲学から学んでいます。そのラスキが「個の否定＝最高の自由」という逆説的転換をもたらした人こそヘーゲルであると指摘し、そこからこの危険な自由観が世界に拡がったと警告を発しています。むろん、私たちはこの自由観がヘーゲルのフランス革命批判に付随して形成されたものであることを、充分承知してはいます（「田邊元の政治哲学」一〇八－一〇九頁参照）。また、私たちは、田邊元におけるこうした危険な自由観の強い主張を戦中の第一高等学校講演『文化の限界』にも見ることができます（同上、七五－

八九頁参照)。戦前であれ、戦中であれ、戦後であれ、田邊元は「結合の強度が強迫的なる場合」にきわめて敏感に反応し、そこには大きな問題があるにしても「人間は自由であるべきこと」を真剣に考えた哲学者ではありました。

しかしながら、このような戦前の偉い哲学者や倫理学者の講演や講義をとても素直な心で聴いた戦前のとてもまじめな学生たちは、さらにさらに「結合の強度が強迫的なる場合」に追い込まれ、林尹夫のように特攻志願へと駆り立てられていったのではないでしょうか。もちろん、戦時中は学生同様一般国民も「結合の強度が強迫的なる場合」に追い込まれていました。しかし、西田はこの「結合の強度が強迫的なる場合」という論点に注目することはなかったといわざるをえません。また、多くの識者も西田がこの論点に注意を払っていないことに着目していないように思われます。西田は『善の研究』ではその点に一切注意を払うこともなく、坦々と「意志の自由」について論じていくのです。あたかも「牢獄にても人間の意志は自由である」ことを大前提にしているかのように。

さて、「結合の強度が強迫的なる場合」とは、社会的に個人の自由がかなり制限されている状態のことです。こうした状態について、「この状態のなかで善く生きるとはどのような生き方なのか」という問題を議論するばかりではなく、「この状態はどうして起こったのか」、「どうしたらこの状態をより制限の少ない状態にすることができるのか」というような問題群を、根本から考える領域が哲学的行為論を含む政治哲学なのではないでしょうか。

最近では、「結合の強度が強迫的なる場合」を「同調圧力が強い(高い)状態」というようです。「同調圧力」にもさまざまな形態が考えられます。国家による圧力、地域社会による圧力、職場による圧力、学校による圧力、友人による圧力、家族による圧力などさまざまな圧力があります。このなかには、社会を維持していくためにどうしても必要な圧力もあるでしょうが、個人を死に至らしめるような圧力もあります。「意志の自由」は、人間にとって本質的なことですが、人間社会のなかでどのような「意志の自由」がどの程度認められるべきかを論じることは、いまなお重要な政治哲学的課題なのです。

さて、稲盛経営学の目玉として語られるのがアメーバ経営です。稲盛のビジネスが成功した原因の一つとして高く評価されています。しかしながら他方で、この経営手法には同調圧力を高め、意志の自由の程度を引き下げる働きがあります。アメーバ経営とは、一つの部局が一丸となって経営効率を高め、利益を生み出す仕組みと働きです。したがって、稲盛の「アメーバ経営」の手法には、かなり強い「同調圧力」があることは否定できません。アメーバとはそういう組織ですから、アメーバの構成員のなかにはかなりの息苦しさを感じる人もいるかもしれません。アメーバ経営の成功の裏で、「涙した」多くの人びとの顔が浮かんできます。なぜなら、アメーバ経営には、「寛容」を許さない厳しさがあるからです。こういった問題も、「利他の心」とともに第8章以降で論じることになります。

3 「意志の自由」

——「結合の強度が強迫的ならざる場合」

西田によれば、「意志の自由」が認められるのは、「結合の強度が強迫的ならざる場合」です。西田はそういう場合の「意志の自由」については、坦々と述べています。意志はもともと自由です。意志に

「選択」の自由がなかったら、先述したように善も悪も、義務も責任も、そして倫理すら存立しえません。西田はこのことを前提にしながらも、「意志の自由」の中身を深めていきます。

西田は「大意」のなかで、意志は自由である、なぜなら「自由原因（free cause）」たる「大覚識の再現」であるから自由である、というグリーンの自由意志論を肯定的に紹介しています。それを彷彿《ほうふつ》とさせるかのように、「意志の自由」を論じる『善の研究』第三編第三章は次の言葉で終わっています。「我々の意志はこの力の発現なるが故に自由である、自然法則の支配は受けない」（『善の研究』一一七頁）。この引用文中の「この力」は、その少し前の部分で「意識の根柢《こんてい》たる理想的要素、換言すれば統一作用なるもの」（同上）として語られています。本章冒頭で述べておいたことではありますが、この統一作用を「大覚識」と読めば、グリーンの意志論と西田の『善の研究』における意志論とがつながります。その点で、「大意」と『善の研究』は一本の糸でつながる可能性があります。

しかしながら、このように意識の統一力が大覚識の再現であり、いかに根源的な力であるとしても、その能力が「全く原因も理由もなく、自由に動機を決定する能力」であると考えるなら、それは「誤謬」（同上、一一三頁）であると、西田は断言しています。そうであるなら「意志の自由」とはいかなる自由なのでしょうか。それについて西田は次のように語っています。

我々の精神には精神活動の法則がある。精神がこの己自身の法則に従うて働いた時が真に自由であるのである。自由には二つの意義がある。一つは全く原因がないすなわち偶然ということと同意義の自由であって、一つは自分が外の束縛を受けない、己自らにて働く意味の自由である。すなわち、

必然的自由の意義である。意志の自由というのは、後者における意味の自由である。（同上、一一五頁）

この文章には、西田の自由観がはっきりと表現されています。意志の自由とは「必然的自由」であるということ、「必然的自由」とは外の影響を受けることなく「己自ら働く」働きのなかにあるということです。とするなら、「己自身の法則」が何であるかがきわめて重要な意味をもってきます。西田も即座に取り上げていますが、火や水などの自然現象はすべて己の法則（必然）に従って働いています。すべてのものが己の自然・「性質」に従って働いているのです。しかし、それは「盲目的必然」であるとして、そのような必然を西田は断固として否定しています。

それでは人間的自由である意志の自由とは、盲目的必然とどのように違うのでしょうか。私たちはこれまで西田の哲学的立場を、意識中心主義とか唯心論と呼んで特徴づけてきました。西田にあっては、やはりここにこそ人間的自由の居場所があるのです。すなわち、意識現象を唯一の実在とする立場です。この立場に立つと、知る働きにこそ人間的自由の本質があることになります。「知る」ということは、たとえば「なにものか」について、それが「何であるか」を知るということです。これを意識の限定作用といってもいいでしょう。その働きは、あまたある可能性から一つを選択することでもあります。その選択において、西田は意識の内で「理想的要素」（同上、一一六頁）が働いていると語っています。西田はこの「理想的要素」を「統一作用」（同上、一一七頁）と言い換えていますが、これは意識の統一作用にはいつでも「かくあるべし」という理想が働いているということを意味しています。人間はこの理想に従って知るのです。このような意識の働きを西田は「現実にしてしかも理想を含み、理想的にしてしかも現実を離れぬというのが意識の特性である」（同上、一一六頁）と語っています。

さて、以上のような意志の自由についての論述を踏まえて、西田は意志の自由を次のようにまとめています。

> それで意識の自由というのは、自然の法則を破って偶然的に働くから自由であるのではない、反って自己の自然に従うが故に自由である。理由なくして働くから自由であるのではない、能《よ》く理由を知るが故に自由であるのである。（同上）

ここで語られているように自然法則を破ることは、けっして自由なことではありません。そうではなく、人間的自由とは私たち人間の自然である「統一力」、換言すれば「知る働き」に従うところにあるのです。

そのような人間的自由の思想を、西田は自分自身のソクラテス解釈を通して次のように語っています。「ソークラテースを毒殺せしアゼンス人よりも、ソークラテースの方が自由の人である」（同上、一一六－一一七頁）と。アゼンス人とは、アテナイの人びとのことです。次の第7章で少し詳しく述べることになりますが、アテナイの法廷はいくつかの罪を理由にして、ソクラテスに死刑判決を下しました。ソクラテスは死を避けることもできたのに、死刑判決を受け容れ、毒杯を飲んで死にました。ソクラテスは人間の自然である意志の自由に基づいて思索し、その知に基づいて死を受け容れたのです。人間的自由は人間的自然（人間の本性）に従うところにあります。この点において、ソクラテスはアテナイの人びとより自由な人間なのです。ソクラテスのこうした死は、哲学史のなかだけでなく、ごく一般的にもとても美しいもっとも人間的な行為として讃えられてきました。西田幾多郎もこうした歴史的評価を引き継ぎ、死を受け容れたソクラテスを「自由の人」として讃えているように見えます。

しかし、ソクラテスの死をこのように評価することによって、哲学は「生命」よりも「死」に高い価値を与える知の営みとしても位置づけられることになってしまったのではないでしょうか。そして、ソクラテスの死が哲学の象徴としてみなされ続けることによって、哲学は「死を愛する学」となってしまった感があります。ソクラテスが思索の結果よりも、死に対する恐れを選択し、弟子クリトンの脱獄の勧めに従って生き延びていたならば、哲学は「生に執着する学」たることを前面に打ち出すこともできたのかもしれません。

さて、これまで意志の自由を「結合の強度が強迫的なる場合」と「強迫的ならざる場合」に分けて論じてきました。西田は後者において「意志の自由」を論じていました。意志の自由とは「人間的自然」に従うことでありましたが、それはとりもなおさず自分のなかにある「理想」に従うことでした。西田はそうした意志の自由の具体例を、ソクラテスの「死」に見ていました。

他方、西田は「結合の強度が強迫的なる場合」については論じていませんでした。しかし、この場合も、最高の自由は個の否定、つまり「死」にありました。選択の幅が極端に狭められた戦中において、若者たちの究極の自由は自分の命を捨てきれるかどうかにあったのです。田邊元は、人間社会には「結合の強度が強迫的なる場合」があることに対応し、政治哲学を論じましたが、西田にはそれがありませんでした。そこに、田邊元による西田幾多郎批判の芽を見ることができます。

III

哲学とは何か

7 そもそも哲学とはいかなるものか

哲学者ソクラテスの意義

本書「はじめに」において、稲盛和夫の哲学者批判について述べました。稲盛にとっては「人生の最終的な目的を示し、それを青少年に教育すること」こそ「哲学の果たすべき役割」でした。しかし、「哲学者は難解な抽象的思考に陥り、青少年にわかるように人生の目的や人生の意義を語っていない」と稲盛は哲学者を酷評していました。

哲学史上、最初の哲学者と呼ばれているのはソクラテス（前四七〇－前三九九）です。最初の哲学者ソクラテスは「哲学の果たすべき役割」をどのように考えていたのでしょうか。このことについて考えるのが第Ⅲ部としての本章の課題ですが、あえて結論を先取り的にいうなら、ソクラテスこそ「人生の最終的な目的を示し、それを青少年に教育すること」を哲学の役割と考えた人でした。しかし、そのためにソクラテスは自分の大切な命を落とすことになりました。ソクラテスの死によって、哲学者が自分の果たすべき役割を果たそうとすると、自分の命をなくすことになるというテーゼのようなものができあがったのです。

そのようなソクラテスを最初の哲学者に仕立て上げ、釈迦やイエス・キリストと並ぶ聖人にまで高めたのは、弟子のプラトンでした。しかし、そうした装飾されたソクラテスの衣をはぎ取り、本来のソクラテスを哲学史のなかにきっちりと位置づけ、かなりの程度正しいソクラテス像を私たちに教えてくれたのは近代ドイツの哲学者、G・W・F・ヘーゲル（一七七〇－一八三一）でした。本章ではヘーゲルの「哲学史講義」を主として活用しながら、先に挙げた本章の課題について考えてみようと思います。

1　哲学者ソクラテスの誕生

ソクラテスが最初の哲学者だと述べました。しかしながら、ソクラテスはアテナイの人びとからは哲学者ではなく「ソフィスト（Sophist、智者）」とみなされていました。ソフィストとは、一般的には政治家志望の青年たちにいかにしたら政治的に成功できるかを教えた「智恵ある人」を意味しています。プラトンはソフィストをソクラテスの論争相手として多くの対話篇を書きました。ソフィストとして名を残しているのは、プロタゴラスやゴルギアスです。誤解を恐れずに少しデフォルメして語るならば、プラトンの対話篇は善人ソクラテス（哲学者）と悪人ソフィストとの論争ということになります。

しかしながら、当時のアテナイの市民はソクラテスをソフィストとみなしていたのです。私たちはソクラテス存命時に書かれ、上演されたアリストパネスの喜劇『雲』のなかにソフィストであるソクラテスを見ることができます。ここでは『雲』のあらすじや内容について述べることは省きますが、それについては拙著『愈《いよいよ》つまらぬ様《さま》なり』第二部第八章を参照していただければと思います。

さて、アテナイの裁判所がソクラテスに死刑判決を下す出発点になったのは、アニュトスなど三名による告訴状でした。それによると、ソクラテスは二つの理由をもって告発されています。「ポリスの認める神を認めない」ということと、「青年を堕落させた」という二つの理由です。アテナイの一般市民にとって、この告訴理由はソフィスト・ソクラテスにふさわしいものだったようです。ソクラテスの処刑は「ソフィスト」とみなされてのことだったのです（納富信留『ソフィストとは誰か？』人文書院、二〇〇六年、五二頁参照、以下「納富」と略す）。生前のソクラテスをソフィストとみなすことは、当時のアテナイ人の常識でもあったようです。ドイツ新カント派の哲学者ヴィンデルバンドの言説を引いておきます。

> 古いものの絶対的信奉者であったアリストパネスは、個人の解放、即ち誰でも自分の意志の法則を持ち得るという権利の承認されることが、必ずや堕落の原因となるということを確信していた。
> （ヴィンデルバンド『ソクラテスに就て　他三篇』河東涓訳、岩波書店、昭和十三年、三六頁）

アリストパネスにとっては、ソクラテスもソフィストも古いアテナイ政治の改革者として、歴史あるポリスの掟に戦いを挑む挑戦者だったのです。しかし、アリストパネスはその挑戦を、ポリスの全体的調和を破壊する個の理不尽な主張としか考えていませんでした。

では、ソフィストとされていたソクラテスは如何にして哲学者ソクラテスになったのでしょうか。それは西洋哲学史の常識の一つになっていることですが、先述したように哲学者ソクラテスの誕生にはプラトンが深く関わっているのです。プラトンがソクラテスを哲学者に仕上げたといってもけっして過言ではありません。プラトン以外にもソクラテスには多くの弟子がいました。納富はクセノフォン、アリスティッポス、アンティステネスの名を挙げています。納富によると、彼らはソフィストに対して批判的立場をとっていないばかりか、ソフィストと同様に自ら金銭を取って知を伝授していました（「納富」六六頁参照）。

プラトンはこうした一群の弟子たちとはまったく異なる道を進みました。プラトンはソクラテスに哲学者のモデルを見て、ソフィストとの対比で区別を計る戦略を採用したのです。こうした戦略を秘めたプラトンの言論活動によって、哲学者ソクラテスは創り出されたのです。ここで納富のまとめを引用しておきます。「哲学者ソクラテスは、はじめからソフィストと明瞭に異なる存在であった訳ではない。彼の死後、プラトンの言論活動によって鮮明な対立軸が構築され、その区別が後世に受け継がれ定着したのである」（同上、六七頁）。こうしてできあがったのが、「知の殉教者ソクラテス」という聖人像なのです（ご承知のように、ソクラテスは死刑判決を受け、判決の是非を吟味し、これを受け容れ毒ニンジンを飲んで死にました。「知の殉教者」ソクラテスの始まりです）。「殉教者」とはもともとはイエスの教えに従う者たちというほどの意味でしたが、キリスト教の拡大とともに「教えのために生命を捧げる聖人」という意味をもつようになりました。もっとも、ここまでソクラテスが偶像化されたのは、通俗哲学者たちの「でっちあげ」によるものであると、ヘーゲルは憤慨しています（長谷川宏訳『ヘーゲル哲

学史講義　上巻』河出書房新社、一九九四年、三七五頁参照、以下ではこれを「ヘーゲル哲学史」と略記します。長谷川訳は良訳ですが、一部だけ筆者が訳を変えています)。

プラトンがソクラテスの死に方を通して私たちに教えていることは、正義（と考えられるもの）のために、真理（と思われるもの）のために命を賭けることが人間にとってもっとも人間的な正しく・善い生き方であるということです。西田は「アテナイの人々よりもソクラテスの方が自由である」と語っていましたが、もちろん西田もこのようなプラトンによって創り出された、哲学者ソクラテス像を正しく継承しているといえるでしょう。西田の説く「必然的自由」とは、まさしくソクラテス的自由であると考えることができます。

2　ヘーゲルのソフィスト

(1)　プロタゴラスとソクラテス

あまたある哲学史のなかで、もっとも有力で歴史的影響力をもっていたのがヘーゲルの「哲学史講義」です。ヘーゲルにあって哲学史はたんなる哲学の歴史ではなく、絶対精神（たとえば神のような絶対的存在）の発展のプロセス、あるいは絶対精神の自覚（知）の深まりを表現するものでした。そのヘーゲルがソフィストをどのように理解しているかを以下でまとめていきます。

ヘーゲルは、巻間で語られているようには、ソフィストを下品な存在として扱ってはいません。ソフィストもしっかりと哲学史の中に位置づけられています。ヘーゲルによると、ソフィストもソクラテスも「主観にかえってくる哲学」（「かえってくる」は、名詞的に原語でいえば「Rückkehr」）として位置づけられています（『ヘーゲル哲学史』三四〇頁参照）。また、主観を絶対的なものとして立てることになる、このソフィストやソクラテスによる「主観性への還帰」を、ヘーゲルは「近代の原理はこの時期に始まる」（同上、三三九頁）とも語っています。

ヘーゲルは、プラトンの対話篇『プロタゴラス』でソフィストを取り上げています。この書はソクラテスが青年ヒポクラテスを伴ってプロタゴラスを訪ねるところから始まり、やがてプロタゴラスとソクラテスの対話が始まります。プロタゴラスは、まず国家存続のためには万人が政治的知識を所有しなければならない、またそのような知識は「教養」として「教育」を通して教えることができるし、万人がそのような知識を獲得することもできる、と主張します。このような知識が万人に行きわたることによって、公共の徳に反する悪徳を罰することができるようになるというわけです。それに対して、ソクラテスは政治的徳は教えることができない、というのもペリクレスですら自分の息子にも友人にもそのような徳を伝えなかったではないかと反論しています（同上、三四九頁以下参照）。

ソクラテスの反論に対して、プロタゴラスは「みごとな応答」をしていると高く評価して、ヘーゲルはプロタゴラスの次のような言説を引用しています。

［アテナイのような］理性的な国家の市民は、たとえ最悪の市民でも、教養も法廷も法律もなく法をまもるよう強制されることもない国の市民にくらべれば、［教養教育を通じて成長した］はるかに善良にして正義の市民である。優劣は国家の法律、教育、教養によるのである。（同上、三五二頁）

プロタゴラスによれば、国家とは法であり、その質は法を形成する国民の教養程度で決まります。ヘーゲルは、このようにプロタゴラスの教養教育による市民の陶冶、そしてそうした教養に基づく国家形成を高く評価した上で、教育による教養形成を低く見積もるキケロの「生得の素質説」（同上）を軽くあしらっています。そして返す刀で、ヘーゲルは「一方、ソクラテスの論拠と論証は経験に基づく議論で―ここでのソフィストの論証に多くの点でおとるものです」（同上）と、堂々とソクラテス批判を展開しています。

ヘーゲルはこのような仕方で、ソフィストとソクラテスを「主観にかえってくる哲学」として同列に扱い、その政治哲学においてはソフィストに一日の長を認めていました。

(2) ソフィストの欠点――ソクラテスの評価

しかしながら、ヘーゲルは一転してソフィストの欠点を長々と述べていきます。しかし、欠点を語るにしても、ヘーゲルはソフィストが国民に高い教養を与え、それによってギリシアにおおいに貢献したという功績を前提として語っています。ヘーゲルはソフィストに対して、常に敬意をもって接しているのです。

さて、ヘーゲルがソフィストの欠点として挙げているのが、その「反省的思惟」（同上）がまだ教養段階に留まっているという点です。反省的思惟とは、ここでは具体から抽象、特殊から一般へと推論していく思惟の働きのことです。その思惟が教養段階に留まっているとヘーゲルが語るとき、ソフィストの思考原理は「主観的自由」が強すぎて「一面的」思考になっているということを意味しています（同上、三五三頁参照）。また、他の箇所ではソフィストの思考は「主観的恣意」（同上、三五八頁）にすぎないとされています。ヘーゲルはソフィストの特殊から一般、普遍への推論が、非論理的な主観的恣意に基づいているとみなしていました。結局ヘーゲルは、ソフィストはこのような思考の結果、「こうした［ソフィスト的な］教養は既成の習俗や宗教への信頼や素朴な信仰をはみ出さざるをえなかった」（同上、三五二頁）と結論づけることになります。一般に子が親を敬い大切にすることは、人間自身にとってだけでなく、共同体（ポリス）の維持存続にとってきわめて重要な「情」であり「徳」であります。したがって、アリストパネスの『雲』の主要登場人物ペイディピデスが父親ストレプシアデスを敬愛し大切にすることはポリス存続にとってきわめて重要な「既成の習俗」でした。しかし、『雲』では、ソフィストであるソクラテスの教育によってソフィストとなったペイディピデスが、父親への暴力を正当化し、実際に父親を張り倒してしまいます。それはまさしく「既成の習俗」をはみだすことでした。

さて、ヘーゲルは、ソフィスト・プロタゴラスが知の教授という生業によって「大資産家」になり、ぜいたくな暮らしをしたことを、少し感情的になり悲憤しながら批判的に伝えています。とはいえ、まもなくソフィストは主観性に固執するあまり、それをプラトンに非難され、市民たちの不評を買うことになります。ヘーゲルによれば、結局ソフィストは「外面的な理由にもとづいて正と不正、利と不利を決定する」（同上）人たちに分類されることになります。そこにソフィスト的「詭弁」が働く場所があるのです。ヘーゲルはソフィスト的詭弁について次のように語っています。

最悪の行為にも、どうしてもゆるがせにできぬ視点があって、それをはずせばその行動を許容し弁護することができる。敵前逃亡の罪も、見方をかえれば、命をまもるという義務の履行となる。

（同上、三五六頁）

敵前逃亡という最悪の行為でも、「生命こそ人間にとってもっとも大切なものである」という対立する価値軸を立てることによって、敵前逃亡がこの価値軸に沿った義務の遂行となり、悪がついに善きものへと変貌することになるのです。詭弁とは、あらゆる行為をその場その場で善にも悪にもすりかえる論理のことです。そしてそのようなソフィスト的詭弁は近代啓蒙主義を特徴づける詭弁でもあることを、ヘーゲルは次のように語っています。

近代においては、暗殺や裏切りのような最悪の犯罪も、悪にさからい善を広めるといった重要な使命をおびたものだった、という理由のもとに正当化される。（同上）

ここではフランス革命のテロルを念頭に置きながら、次のような詭弁が語られています。暗殺は人殺しであり犯罪であるが、暗殺しなければもっと多くの人が殺されたり苦しんだりすることになったのだから、暗殺はむしろ善いことなのだという詭弁が（この詭弁は広島に原爆投下を命じたトルーマンの論理でもあります。その論理こそ、もし原爆を落とさなかったら、地上戦となり多くのアメリカの若者の命が失われたであろうという詭弁です）。

右のような「詭弁」を生み出すソフィスト的「主観にかえってくる哲学」のあり方に対して、ソクラテス・プラトン的な「主観にかえってくる哲学」のあり方を、ヘーゲルは以下のように対置しています。

ソクラテスとプラトンは精神が自己のうちに永遠に見いだす確固たるもの——普遍的概念（プラトンのイデア）——によって思想を確定したということができます。（同上、三五五頁）

先に、ヘーゲルは日常生活の多様性についての知識や常識的なことどもへのまなざしにおいて、一見ソフィストに一日の長があるかのように語っていました。しかし、ここでは一転、ソクラテス・プラトン的「主観にかえってくる哲学」のあり方への高い評価が語られることになります。ソフィストが主観的・特殊的なものから抜け出せないのに対し、ソクラテス・プラトンは精神の内なる普遍的概念に基づいて思想に確かな基盤を与えたと評価されているのです。

（3）プロタゴラスと二つの人間尺度論

ヘーゲルはソフィストの代表者として、プロタゴラスとゴルギアスを取り上げています。しかし、ここではプロタゴラスに注目してみます。ヘーゲルによれば、何といってもプロタゴラスこそ、ソフィストの名を最初に自称した人でした。こういうプロタゴラスをヘーゲルは、教養豊かな「教師（Lehrer）」であるにとどまらず、深遠で徹底的な「思想家（Denker）」であり、なんと「哲学者（Philosoph）」であるとさえ呼んでいるのです（同上、三六〇参照）。

プロタゴラスという人は、「人間は万物の尺度である」と語った人として、とても有名なソフィストです。ヘーゲルはこの人間尺度論を「偉大な命題」として高く評価しつつも、同時にその問題点も指摘しています。ヘーゲルがその問題点として掲げているのは、「尺度」をどのようなものとして理解するかということです。ヘーゲルによれば、二つの尺度が考えられます。一つは（α）「各人が特殊な人間ないし偶然的な人間として尺度になる」（同上）場合、もう一つは（β）「理性的な本性と普遍的な精神性をもつ人間が絶対的な尺度となる」（同上）場合です。ヘーゲルは（α）と（β）の二つを比較して、プロタゴラスにおいては二つの尺度が区別されていないと批判しています。そうなると、主観的でしかない知識が、普遍的な知として主張されたりすることになります。前項（2）で取り上げられたソフィストの欠点は、こうした欠陥から生じるものであると、ヘーゲルは考えています。それに対して、ヘーゲルによれば、ソクラテス・プラトンこそ後者の（β）の立場を採用した人たちでした。もちろん、ヘーゲルはこの立場を支持しています。

思うに、右の二つの人間尺度論の違い、ソフィスト（プロタゴラス）とソクラテス・プラトンへの割り振りの仕方は政治哲学上きわめて重要なものであります。実は、ヘーゲルは講義のなかでとてもわかりやすい仕方で二つの人間尺度論の違いについて語っています。少し長くなりますが、そっくり引用しておきます。

「（α）のようにとれば」すべての我欲、すべての私利が、つまり利害にとらわれた主観が、世界の中心におかれる。（そして人間が理性の側面をもつとしても、その理性すら主観的なものに、そして人間も主観的なものになる)。が、これはまちがった、さかだちした理解のしかたで、この誤解から、ソフィストは偶然の目的をめざす人間を基準にしたとの常套的な非難があびせられますが、——じつは、ソフィストにあっては、主観の個別的な利害と実体的理性的な利害とが区別されていないのです。人間が尺度だという命題はソクラテスやプラトンにもあらわれますが、そこではもっと厳密に考えられて、普遍的内容を思惟する人間が尺度とされます。(同上、三六〇頁)

ソフィストの人間尺度論に批判が浴びせられる大方の場合、私利的・自利的人間が想定されています。また、私利的人間にも理性があるとされる場合でも、その理性はあくまでも自利的に考える働きであり、そうした理性をもつ人間は主観性を免れることはありません。このように一般にソフィストの人間尺度論の人間は、あくまでも私利を目的とし、主観性を超えられない人間として想定されているのです。したがって、ヘーゲルはソフィストにはそもそも主観的自我を超えた客観的自我という想定がなかったのではないかと主張しているのです。引用文の「ソフィストにあっては、主観の個別的な利害と実体的理性的な利害とが区別されていないのです」は、そのように解釈できるのではないでしょうか。それに対して、ソクラテス・プラトンの人間は「普遍的内容」を思惟する、主観的ではあるが同時に客観的でもある理性を有する人間として考えられていました。きわめて大雑把なくくり方をすれば、理想主義の哲学はこの系列に入ってきます。ドイツ観念論もそして西田の哲学も。そして稲盛のフィロソフィも、基本的にはこの系列に入れていいのではないかと思います。何よりも「心」を一番に考える稲盛のフィロソフィは、この観念論的理想主義の系列の住人となるにふさわしいのではないでしょうか。

ただし、そうはいってもヘーゲルがより強調したいのはプロタゴラスの功績のほうなのです。ヘーゲルがプロタゴラスを単純に「ソフィスト」と呼ばずに、「哲学者」と呼んでいるのはこの功績のゆえなのです。プロタゴラスの功績は次のように語られています。

> プロタゴラスの命題はもののみかたを大きく転換させ、すべての内容、すべての客観が意識との関係なしには存在せず、思惟こそがすべての真理にとって本質的な契機をなすことをいっている。絶対的なものが思惟する主観性という形式をとるので、それはソクラテスでとくに強調される。（同上、三六二頁）

ここではきわめて明確にプロタゴラスの功績が語られています。一切のものが「意識との関係なしには」存在することがないということ、またその意識の思惟する働きが「真理の本質的契機」になったということ、この大転換はプロタゴラスなしにはあり得なかったということが、ヘーゲルによって熱く語られています。したがって、その点においてはソクラテスもプロタゴラスと同じ立場に立っているのです。しかしながら、プロタゴラスは先の（α）の立場を廃棄することなく固く堅持していたので、結局「相対主義」にとどまらざるを得ませんでした。結局、プロタゴラスは先の（β）の立場に立つことはなかったのです。それがプロタゴラスがソフィストにとどまっている所以です。

しかし、プロタゴラスのこの転換以来、哲学的批判的精神にとって存在は意識との関係において存在する「現象（Erscheinung）」（同上、三六三頁）ということになってきます。もちろん、ヘーゲルはその転換を受け継ぎつつも、そのような「存在の現象化」傾向に警鐘を鳴らしています。ヘーゲルは次のような仕方で、この道はプロタゴラスが切り開いた道ではあるけれども、プロタゴラスとは違うソクラテス・プラトンの道があることを提示しています。

だから、経験は［カントにおけるように］現象と名づけられ、人間という他者と関係するものだということになる。これはまったくただしい。しかし、相対的な関係という全体をつらぬく普遍的な一なるものをとらえることこそが大切です。ヘラクレイトスが必然性と名づけたものも、同じ全体をつらぬくもので、それが意識にもたらされなければならないのです。（同上）

ここでは、ソクラテス・プラトンの道について、相対的なもののなかに普遍的なものを見出し、それが何であるかを自覚することをめざす道である、と語られています。その方向を「相対」と「絶対」という矛盾の統一と表現しても差し支えないでしょう。このことを、ヘーゲルは以下のようにまとめています。

それだけきりはなして、「存在は意識にたいする存在でしかない。つまり、あらゆる事物の真理は意識にたいする、意識のうちへの現象である」といいきるのは一面的です。それ自体でのありかた（Ansichsein）という契機をわすれるわけにはいきません。（同上、三六四頁）

存在は意識との関係において存在する「現象」ではあるけれども、存在をそのように局限するのは「一面的」すぎます。哲学の対象は「存在のそれ自体でのありかた」であると、ヘーゲルは宣言しているのです。そのような存在のあり方を哲学の対象にしえたのは、プロタゴラスではなくソクラテスでした。

3　ヘーゲルのソクラテス

プロタゴラスの大功績とは、一切のものが「意識との関係なしには」存在することがないということ、そしてその意識の思惟する働きが「真理の本質的契機」になるということを示したことでした。この功績の後では、たとえ哲学の対象は「存在のそれ自体でのありかた」であるとしても、もはや私たちはプロタゴラス以前のように直接的・無自覚的に「存在のそれ自体でのありかた」にアプローチできません。ソクラテスはこの問題にどのようにアプローチしたのでしょうか。ヘーゲルがまとめたソクラテスのアプローチを論じるのが本節の課題です。

(1)　ヘーゲルが描くソクラテスの哲学とその新しさ

まずはヘーゲルのソクラテス評価から。ヘーゲルはソクラテスに最高の賛辞を贈っています。ソクラテスはヘーゲルによって、「哲学史上最高度に重要な人物」であり「世界史的個人（welthistorische Person）」と呼ばれているのです（同上、三七一頁）。また、ヘーゲルによればそうしたソクラテスの登場はたんなる偶然ではなく、「時代」が生み出した必然でもありました。民主制爛熟期のアテナイに生起するさまざまな事象が、人間をして哲学へと導いたといってもいいでしょう。その頂点にいたのが、まさしくソクラテスでした。

これまでソフィストとともにソクラテスの哲学史上における功績を論じてきました。しかし、前節（2）および（3）の最後では、ヘーゲルの語るソフィストとソクラテスの違いに着目しました。ヘーゲルは、その違いを「ソフィストが主観的・特殊的なものから抜け出ることができないのに対し、ソクラテス・プラトンは精神の内なる普遍的概念に基づいて思想に確かな基盤を与えたと評価される」と要約していました。ここでヘーゲルが指示している「精神の内なる普遍的概念」、これこそが哲学の新しいアプローチの方向です。「世界史的個人」としてのソクラテス哲学のうちにその方向性を確実に読み取ることができます。ヘーゲルは「かれ［ソクラテス］は精神の内部における主要な転換点をなしていて、この転換はかれのうちに思想の形で表現されています」（同上）と語っています。

さて、ヘーゲルはギリシア哲学史を概観し、ソクラテスの転換をギリシア哲学史のなかに位置づけた後、ソクラテスの仕事を以下のようにまとめています。

> ソクラテスはまさに普遍的自我こそが、自分の内部にやすらぐ善なる意識こそが、善そのものこそが、実在（Wesen）だという。（同上、三七二頁）

私たちの自我は、個別的で特殊的存在でありますが、ソクラテスはそうした自我のうちに普遍的なものを見出し、それによって自我を「普遍的」存在へと転換したのです。しかも、自我をその活動の仕方に着目すると同時にその性格を鋭く洞察し、自我は「善なる意識」であると、より具体化します。さらにその上に、その意識に「善そのもの」という表現まで与えます。自我の普遍性は自我の善性にあるのです。ここに西田幾多郎『善の研究』における「善」の先駆を見ることができます。

ヘーゲルは右で述べたソクラテスの立場を基本に置きながら、その立場をさらに三つの点に分けて、その内容を鮮明にしていきます。まず、プロタゴラスもソクラテスも、思惟や意識を哲学においては欠かせないものとしました。しかし、プロタゴラスにあっては、思惟も意識もその個別性・特殊性から免れることはありませんでした。ヘーゲルによると、それに対するソクラテスの新しさの第一の点が次のように語られています。

しかしかれ〔ソクラテス〕は思惟〔Denken〕のうちに安定した確固たるものをとらえる。思惟のうちにあるこの確固たるもの、実体、完全無欠なもの、端的に持続するもの、――それが目的と名付けられ、さらには真なるもの、善なるものと名付けられた。（同上）

ソクラテスはソフィストと同様にアナクサゴラスを引き継ぎ、思惟を本質的なものとしましたが、ソフィストにとっては思惟ならびに知性は実在に対する主観的ないわば抽象的なものにとどまっていました。しかし、ソクラテスにとって、思惟はけっしてたんなる主観的なものであるだけでなく、普遍的（客観的）なものでもありました。そういう自我の思惟の内にあるものを、ヘーゲルは「確固たるもの、実体、完全無欠なもの（das Anundfürsichseiende）、端的に持続するもの、――目的（Zweck）、さらには真なるもの、善なるもの（das Wahre, Gute）」と理解するのです。

右を踏まえて、ソクラテスの新しさが深められていきます。これが第二の点です。それは第一の点で提出された、思惟の内なる「確固たる普遍者＝実体的目的＝善」が、私たち「主観によって認識されなければならない」という点であります。この「自己認識」あるいは「自覚」という論点はソクラテスの転換のきわめて重要な側面であるといわなければなりません。

以上のことを一般的にいえば、ソクラテスは客観的真理を意識に、つまり主観の思惟に還元したということになります。ヘーゲルは第一、第二の点を次のようにとてもわかりやすい文章でまとめてくれています。長くはなりますが、とてもわかりやすいので引用しておきます。

ソクラテスの原理は、人間が、人間の使命が、人間の目的が世界の究極目的であり、真理であり、絶対的なものであること——人間は真理を自分のなかから見つけ、自分の力で真理に到達しなければならないこと、——そういいあらわせます。意識は自己にかえっていきながら、同時に自分の特殊な主観性を脱却しなければならない。つまり、意識の偶然性、思いつき、恣意、こだわりを追放し、自分の内奥にひらかれた世界を、絶対的なものを、もたねばならない。客観性とはここでは外的な客観性ではなく絶対的な普遍性（die anundfürsichseiende Allgemeinheit）を意味し、したがって、真理は思惟によって打ち立てられた産物でなければなりません。（同上、三七三頁）

ソクラテスにあっては、真理は人間のなかにあるのです。それは真理だから人間の真理であると同時に世界の真理としてすべてのものの目的でもあります。だから、人間は自己の内へ返って自己の内なる真理を見出さなければならないのです。人間はこのように自分の内に普遍的な真理をもっている存在ではありますが、同時に主観的、恣意的であることを免れません。したがって、人間はそのためには自分の主観的、恣意的部分を「否定」しなければなりません。このような媒介の過程を通じて、私たちの思惟する働きは、私たちの内にある普遍的なものの「認識」に到達できるのです。この認識に高まった人間は、もはや特殊な存在ではありません。普遍的な存在になっているのです。ソクラテスによって人間はこのような存在として自己を認識する存在者にまで「高まった」のです。以上を踏まえてヘーゲルは第三の点に移っていきます。

ソクラテスが哲学に付与した第三の点として、ヘーゲルが描いているのは「善というあらたな概念の発明」（同上、三七四頁）です。私たちが思惟によって返っていく普遍的なものとは、「善」に他なりません。善という概念の発明によって、ソクラテスは「自然の観察に終始していた」哲学に倫理学を付け加えたのです。

さて、私たちが善を問い、善と悪を戦わす場面は「現実の」実践的領域です。ヘーゲルが『精神現象学』で取り上げているギリシア悲劇『アンティゴネー』は、ノモス的真理とピュシス的真理との真理同士の戦いですが、悲劇はこのように退くに退けない真理（善）同士の「のっぴきならない」ぶつかり合いのなかで生じるのです。ヘーゲルはソクラテスの「生」も、このように善く生きようとするがゆえに必然的に惹き起こされる争いとして描いています。ソクラテスにあってその生は、まさしく「共同体的真理［善］と自発的な理性的認識［善］」（同上、三七六頁）との闘いとしてありました。ヘーゲルはソクラテスの「善」について一項目を立てて論じていますから、まずはそこで何が論じられているかを確認しておきます。

(2) ヘーゲルが捉えたソクラテスにおける善の原理

ヘーゲルは、ソクラテスの方法を「アイロニー概念」と「産婆術」に着目して論じた後、いよいよソクラテスの「善」について論じ始めます。

ヘーゲルはこれまでもソクラテスに賛辞を送っていましたが、その賛辞がここではより具体化され、「ソクラテスの意識がはじめて善という抽象物に到達した」(同上、三九二頁)と語っています。ヘーゲルにとってもソクラテスにとっても善とは「世界および個人の目的となるもの」ですから、人類はソクラテスを通してはじめて「人生の目的」をもったということになります。しかし、善や目的が思惟によって自覚されたとしても、その時点において「善」はまだまったくの抽象物にすぎません。つまり、善は現実のなかで具体的になり行為へと結びつかなければならないのです。この点において、ソクラテスが抽象的にとどまっていたところに、ヘーゲルはソクラテスの欠点を見ています。私はソクラテスが「善の認識」から「目的の定立」そして「実践」へのプロセスにおいてかならずしも抽象的であった(たとえば、ためらいがあった)とは考えませんが、ヘーゲルはそこにソクラテスの抽象性を見ているのです。ヘーゲルは単にソクラテスにエールを送っているだけではないのです。

前項(1)でソクラテス哲学の新しさを三点にまとめました。この三点の基本にあったのが、人間をたんなる個別的・特殊的自我として捉えるのではなく、「普遍的自我」として捉えたことでした。ヘーゲルはここで、そういうソクラテスの新しい人間観をプロタゴラスと差別化して、「思惟する人間が万物の尺度である」（同上、三九六頁）と語っています。ソフィストとの差別化が伝わってくるソクラテス的人間尺度論の絶妙な表現です。三点を再確認しておきましょう。まず、この普遍的自我としての私は「思惟」する働きであり、思惟の内に「確固たるもの、実体、目的、真なるもの、善」があります。これが第一点でした。第二点は、こうして思惟の内なるものを「認識」すること、近代的な言い方をすれば「自覚」することでした。第三点は、思惟が認識した自己の内なるもの（真なるもの）を「善」として立て、これを「目的」とすることでした。ヘーゲルはこれを「善の概念」の発明といいました。先述したことですが、これによってソクラテスは「哲学に倫理学を導入した」とか「個人が自分の生き方に関心を持つようになったと、つまり道徳的になった」（同上、三九四頁）と評価されているのです。

善は人間の「主体性（Subjektivität）」に関わっています。善（真）は人間において善として意識されることによって目的となるのです。ソクラテスにとって、個人は善を知り（「善を知る」ことをヘーゲルは思惟による「想起」として理解しています）、善の実現をめざす存在です。善をおこなうところに「道徳」が存在します。ただここに、無意識にジッテ（習俗）に従うだけのスパルタ市民にはあり得なかった葛藤が、アテナイの市民（ソクラテス）には生じてきます。ヘーゲルはソクラテスの善行の構造を以下のように伝えています。

主体は個人として善を決意し、選択にあたっては内面の普遍と一体化するものとされている。一体化には二面があって、一つは善を知ることであり、もう一つは主体が善であること［である。］（同

上、三九七頁）

主体は思惟を通して善を知り、それを善として自覚し、そしてそれを目的として行為する存在です。このプロセスを「内面の普遍との一体化」とヘーゲルは呼んでいます。ヘーゲルは、ソクラテスにあっては人間存在はこの自覚された善に従って行為するものであるという、いわば「宗教（Religion）」のような確信があると考えています。「主体が善であること」とは、「私は善に従って行為するものである」という確信のことに他なりません（同上、三九六頁参照）。理想主義の哲学はおおむねこのような確信の上に成り立っていると考えていいでしょう。したがって、稲盛のフィロソフィも当然この列に加わっているのです。

4 ソクラテスの運命

ソクラテスのギリシアにおける歴史的役割は、古い秩序にしがみつくアテナイの市民たちに、「それでいいのか」という鋭い問いを突きつけたところにあります。これまで論じてきたように、ソクラテスは「真偽の判定を内面的意識の決断にゆだねる」（同上、四一六頁）こと、すなわち主体性の原理に立つことを自分の使命にすると同時に、「君たちもそうであるべき」と青年たちを「教育」しました。ソクラテスにとってそれが普遍的立場に立つことでした。しかし、まさにそうであるがゆえにソクラテスはアテナイの民族精神と対立することになりました。その結果、ソクラテスはアテナイの市民に告訴されました。そのことについて、ヘーゲルは「告訴されて当然だった」(同上)と語っています。

(1) ソクラテス告訴についてのヘーゲルの解釈

ヘーゲルはソクラテスの死を通説のように、「立派な人格者が無実の罪をきせられた」(同上、四一七頁)という立場は採りません。ヘーゲルは、ソクラテスのアテナイの法廷への告訴を、「アテナイの民族精神が、自分を破滅に導く[ソクラテスの]原理に対抗している」(同上)と解釈し、ソクラテス告訴をけっして不当なものとして扱っていません。これがソクラテス告訴についてのヘーゲルの基本姿勢です。

ヘーゲルによると、ソクラテスは生涯において二度の攻撃にさらされています。一度目がこれまでたびたび論じてきたアリストパネスの喜劇『雲』における攻撃であり、二度目がいま論じているアテナイの法廷への告訴です。この告訴の内容を確認しておきましょう。①ソクラテスはアテナイ国民の認める神々を認めず、新しい神をもちこんだ。②ソクラテスは青年たちを誘惑した。この二点が告訴内容でした。ヘーゲルはそれぞれの告訴内容を詳しく論評し、これを正当なものと評価しています。

まず①について。①についてのソクラテスの弁明は裁判官を不機嫌にするものでした。多くの裁判官がソクラテスの弁明を信じられなかったのです。しかも、神々が自分たちではなく、ソクラテスに神託を与えたことに、裁判官たちは「嫉妬」(同上、四一八頁)したのだ、とヘーゲルは解釈しています。こういう感情的なことを論じて、ヘーゲルは「ソクラテスのダイモニオン[神]はギリシアの宗教のみとめる神とは異質なものだった」(同上、四二〇頁)と結論しています。さらにヘーゲルは次のように告訴の正しさを強化しています。それはデルポイの神託「汝自身を知れ」の解釈に関わっています。ヘーゲルは、ソクラテスが神託「汝自身を知れ」を積極的に受容したことによって生じた「大転換」（同上）を、以下のように語って告訴①の正当性を補強するのです。

神託にかわって、人間自身の自己意識が、各人の普遍的思惟が、原理とされた。この内的な確信は、いうまでもなく、従来のアテナイ人たちの神とはちがう、べつのあらたな神です。だとすれば、ソクラテスにたいする告訴はまったく正当なものです。（同上）

これまでに何回か論じてきたソフィストとソクラテスが踏み出した偉大な歴史的一歩、「主観性への還帰」は、自己意識を原理とすることによってアテナイの神とは異なる別の神をアテナイにもたらそうとしたのです。

次に②について。ヘーゲルは実際の告訴状から「ソクラテスが何人かの若者に、両親よりも自分の言うことを聞けと説得していた」（同上）というメリトスの証言を取り上げています。法廷ではこのような証拠の積み重ねによって、「青年たちをまどわせた」という告訴の正当性が証明されるのです。これに対するソクラテスの弁論は、「両親よりも物事をよく知っている人に聞くのは当然ではないか」というものでした。現代ではもっともな弁論だと考えられます。しかし、ヘーゲルはソクラテスの弁論は、告訴におけるもっとも大事な点に触れていないと指摘しています。大事な点とは「親と子という絶対の関係に第三者が道徳的に介入すること」（同上、四二一頁）の是非です。ヘーゲルは当時のアテナイの民族精神にあっては、ソクラテスの介入は「ゆるすまじき介入」（同上、四二三頁）であったと解釈し、告訴②を根拠なきものではなく、十分な根拠をもつものであったと結論しています。

以上が告訴内容についてのヘーゲルの解釈です。続いてヘーゲルは、なぜソクラテスの行為が注目されるようになり、告訴に至り、有罪判決が下されなければならなかったのかを論じています。ヘーゲルが注目しているのは「国家」です。ヘーゲルは当時のアテナイ国家に依拠しつつも、自分の国家観でいくぶん脚色して次のように語っています。

国家は思想をささえとし、国家が存立しうるかいなかはひとびとの心術〔心構え〕に左右される。つまり、国家は物質の世界ではなく、精神の世界であって、——精神こそ本質的なものです。だから、国家にはささえとなる規則や原則があって、これが攻撃されれば、政府は干渉せざるをえないのです。（同上、四二三頁）

ここにはヘーゲルの国家観の特徴である神的国家像までは描かれていないとしても、国家の本質は「精神的なもの」であり、その精神によって形成された規則や原則によって国家は支えられていることが明確に語られています。この「ささえ」が攻撃されるなら、国家・政府はその攻撃に対処し干渉せざるをえなくなるのです。

ヘーゲルによれば、ソクラテスの告訴対象になった二つのものはともに国家の精神を破壊するものでした。もちろん、現代の西側諸国においてはもっと幅広い自由が認められており、ソクラテスの案件など告訴対象になるものではありませんが、当時のアテナイの法律や精神からすれば国家破壊に至る許されざるものであったのです。とりわけヘーゲルが注目しているのは、アテナイの国家宗教の破壊でした。ソクラテスが主張する神は「自己意識」を原理とした神（私の神、私の内なる神、ヘーゲルはこのような神を「ダイモニオン」と呼んでいます）であり、国家宗教と矛盾する別の神でした。ヘーゲルが『法の哲学綱要』で主張しているように、近代国家にあっては国家政治から宗教は画然と分離されなければなりませんが、アテナイにあっては、国家と宗教は一体化していたのです。したがって、新しい神の導入はアテナイにとってけっして許されるものではなかったのです。ヘーゲルの解釈によれば、これがソクラテスが告訴され、有罪判決が出されたゆえんでした。

(2) 闘うソクラテス——哲学から政治哲学へ

アテナイの裁判においてソクラテスは自分が有罪であることを認めなかったので、死刑を宣告されることになりました。ヘーゲルによれば、ソクラテスが死の宣告を受けたというより、自らの罪を認めないことによって、ソクラテスは自ら死を選んだということになります（同上、四二四–四二六頁参照）。それをヘーゲルは次のようにまとめています。

ソクラテスは国民の前に身を低くして刑の免除をねがいでようとはしませんでした。だから、ソクラテスが死刑の判決をうけ、刑を執行されたのは、有罪とされた不法行為にたいする刑としてではなく、かれが国民の主権を承認しなかったがためなのです。（同上、四二七頁）

ヘーゲルがこの講義で「ソクラテス裁判」について語っているのは、ソクラテスがアテナイではなく、自分自身の自己意識に従って行為したということです。「国民の主権を承認しなかった」とは、まさに自己自身の主体性に従って行為したということに他なりません。つまり、ソクラテスは国民の権利として認められていた「刑の免除」を願い出なかったのです。そのことは、プラトンの対話篇『クリトン』が描く死を前にしたソクラテスの態度からも十分推察できるものと、ヘーゲルは語っています。そしてソクラテスの死に臨む態度を「この上なく崇高でおちついた態度」（同上）と評価しているのです。ただし、最後にソクラテスが語る「魂の不死」については、ヘーゲルは「通俗哲学」の類としてまじめに取り扱ってはいません。ギリシア神話でも、そういう世界はもともと「つまらない」世界とされているではないかと。

ソクラテスは毒杯を飲んで死にました。その肉体はもはやこの世のものではありません。もはやソクラテスの姿を見ることも、その声を聞くこともできないのです。しかし、ヘーゲルはソクラテスが死して残したものについて語り始めます。「刑罰によって抹殺されたのは個人［ソクラテス］だけで、原理は抹殺されはしなかった」（同上、四二八頁）と。この原理、すなわち主体性（自己意識）の原理は、やがて近代になって真実の形態をまとって現われてきます。ただギリシア世界において、それはまだソクラテスという「個人の所有するもの」（同上）でしかなかったのです。世界史を「自由の意識の進歩」として捉えるヘーゲルは、ソクラテスの営為を自分の哲学体系の枠のなかに取り入れ、いわば精神の即自態（最初の現われ方）として語っているのです。

ソクラテスは「私人哲学者」として隠れて生き、静かに死んでいったのではありませんでした。新しい原理をアテナイという国家に突きつけ、伝統的精神との対立を鮮明にし、これと闘い華々しく死んでいったのです。だから、ヘーゲルはソクラテスの死を次のように評価しています。

ソクラテスの原理は、あの結末があってこそそれにふさわしい価値があたえられたと言わなければなりません。（同上）

ソクラテスの哲学は、秘教のようにごく狭い範囲で受け継がれていったのではありません。その死によって、世界に雷鳴がとどろき、世界に小さなひびわれが生じたのです。すなわち、世界に対立がもたらされたのです。ヘーゲルはソクラテスの死を「意識の自己発展の過程のなかであらわれた」とも語っていますが、まさしくソクラテスの死はたんなる死ではなく、精神の「発展」すなわち「生」の一歩だったのです。

以上で見てきたように、ソクラテスの原理はアテナイの民族精神とぶつかることによってはじめて世に現われ、人びとに知られることになりました。そのことをヘーゲルは、ソクラテスの原理は「現実と直接に関係しつつあらわれた」（同上）と語っています。ソクラテスの生にあって、自己を深く深く掘り下げていくことは、ただ自己の内に沈潜しとどまるのではなく、自己を国家や社会と結びつけ自己のあり方を客観世界との関係において思惟し、自己の内なる普遍的善を知り、それに従って実践することであったのです。「哲学する」とはそういう思惟と実践的行為のプロセスであるといってよいでしょう。

したがって、ソクラテスの哲学は政治哲学へと開かれていたのです。ソクラテスにとって、自己のあり方を問うことは、自己を支えている国家社会のあり方を問うことだったのです。

Ⅳ

稲盛フィロソフィとは何か

8 稲盛フィロソフィと政治哲学

1 ソクラテスと政治哲学

本書の出発点は、稲盛和夫の哲学者批判でした。稲盛和夫は「哲学者は難解な抽象的思考に陥り、青少年にわかるように人生の目的や人生の意義を語ってはいません」と現代の哲学者のあり方を厳しく問い質していました。

しかしながら前章で見たように、古代ギリシアの哲学者ソクラテスの哲学は政治哲学へと開かれていました。哲学が政治哲学へと開かれているということは、ソクラテスの哲学が政治的実践を通じて、諸個人の目的や国家の目的の実現をめざす哲学であるということに他なりません。ソクラテスは自分のなかに、自分が従うべき、あるいは目的とすべき「確固たるもの」、つまり「真理」を見出します。真理は自分の外にあるのではなく、自分自身のなかにあるものでした。ヘーゲルによれば、その転換こそソクラテスの「新しさ」でした。ソクラテスの新しさは自分自身のなかに「確固たるもの、実体、完全無欠なもの、端的に持続するもの」があると確信し、それを知ろうと努めたところです。そこでは、私たちはもはやたんなる主観的・恣意的な存在ではなく、普遍的存在として考えられていました。そういう「私」が「確固たるもの」が何であるかを「認識」することによって、「私」は普遍的自我になりました。まずはこのような認識に至る歩みが哲学的営みでした。

しかし、ソクラテスの哲学はそれで終わりませんでした。ソクラテスの哲学は、自分自身が「確固たるもの」、「真理」と認識したものを、「善きもの」として「自覚」し、それを「目的」として「実践する」営みでもありました。そのような実践的な哲学の営みは、国家社会のあり方を問う哲学として政治哲学となりました。ソクラテスの政治的実践は、先述したところではありますが、青年への「教育」として始まりました。ソクラテスの青年への教育は弁論的「説得」という仕方でおこなわれました。しかし、そのような実践がアテナイ市民の反感を買い、ソクラテスは法廷へと引っ張られることになりました。先に現代の哲学者に対する稲盛の批判を再度述べておきましたが、ソクラテスこそ「人生の最終的な目的を示し、それを青少年に教育すること」を哲学の役割と考えた人でした。しかし、そのためにソクラテスは自分の大切な命を落とすことになったのです。

稲盛和夫は哲学者が哲学本来の役割を果たしていないことを厳しく批判していますが、本来哲学とはソクラテスが示しているように、青年たちに「善とは何か」や「人生の目的が何であるか」を示して、そこへと導いていく営みだったのです。しかしながら、ソクラテスの死によって、哲学者が自分の果たすべき役割を果たそうとすると、自分の命をなくすことになるというテーゼのようなものができあがってしまいました。哲学がおのずとそこへと向かう政治哲学とは命がけの営みなのです。こうした事情もあって、アテナイの哲学はやがて命がけの政治哲学から離れ、自分の殻のなかに閉じこもるようになっていきました。多くのソクラテスの弟子たちが自己の内面に沈潜することによって「国事から身をひいて（中略）民族の共同体生活の形成という一般的目的を離れて行った」（『ヘーゲル哲学史』四三二頁）と、ヘーゲルは伝えています。ヘーゲルから見れば、このような精神がギリシア世界にはびこることによって、スパルタの属国になったアテナイはやがてマケドニアに支配されるようになっていくのです。ソクラテスの弟子たちがソクラテス的刃を失い、「政治哲学」から離れていくとき、哲学は真に「死の哲学」となっていくのです。そうであるなら、政治哲学に「つまらぬもの」という烙印を押した日本哲学を代表する西田幾多郎の哲学も、「死の哲学」ということになるのでしょうか。

さて、もしソクラテスがクリトンの薦めに従って脱獄し、生きて自分の政治哲学を実践していたら事態はどのように変わったでしょうか。そこは夢想するしかないのですが、現代の政治哲学者のなかにもこのように夢想する人たちもいるのです。そういう人たちは、現実を理想から眺め、理想を現実のなかで理解する、いわば理想と現実の総合知をめざします。こういう人たちは、理想を見据えながらも現実に根ざした政治的実践を求めるでしょう。この道は理想に殉じたように見えるソクラテスの辿った道とは、現実密着の姿勢において間違いなく少しだけ違っているのです。そのような道こそ、二十一世紀に生きる私たちが進むべき道ではないかと考えています。ここにいう現代の政治哲学者とは、二十世紀アメリカでシカゴ学派と呼ばれる政治哲学の学派を形成したレオ・シュトラウスのことです。ここではレオ・シュトラウスについてはこれ以上言及しません。詳細については、拙著『愈《いよいよ》つまらぬ様《さま》なり』の第二部第九章を参照してください。ただ、一言申し添えるならば、レオ・シュトラウスはソクラテスから政治を学び、ソクラテスから「理性だけでは済まない政治的な事柄」（レオ・シュトラウス『古典的政治的合理主義の再生』石崎嘉彦監訳、ナカニシヤ出版、一九九六年、一九〇頁）があることを学んだ人でした。私たちはいま「理性だけでは済まない政治的な事柄」を経験しています。プーチンによるウクライナ侵略です。このような「理性だけでは済まない政治的な事柄」にどう対処するかが「政治」でもあります。現在、西側はこの「理性だけでは済まない政治的な事柄」に、「理性的に」対応しているのでしょうか、それとも「非理性的に」対応しているのでしょうか。ソクラテスは「理性だけでは済まない政治的な事柄」にも理性的に対応したように見えますが、レオ・シュトラウスはかならずしもそのような道は採らないでしょう。ソクラテスと現代の政治哲学とが「現実密着の姿勢において違っている」とは、このようなことなのです。ソクラテスはどちらかといえば「理想」に傾き、現代の政治哲学者（レオ・シュトラウス）は「現実」に傾くきらいがあるように見えます。

この節の最後に、以下のことを付け足しておきます。ジョン・ロールズは現代政治においてもっとも注意しなければならない「危険な」政治形態として、共産主義的政治と哲人政治を挙げています（J・ロールズ『ロールズ政治哲学史講義Ⅰ』斎藤純一他訳、岩波書店、二〇一一年、五一八頁参照）。周知のように、哲人政治はプラトンがソクラテスの政治哲学を発展させ編み出したものです。両者が危険である理由は、両者とも「知的少数者」の支配をもっとも完全な善き政治形態と考えている点です。歴史はロールズの指摘するように、両者の危険性を証明しています。

2　稲盛和夫と政治哲学

さて、稲盛の哲学者批判については何度も取り上げてきましたが、稲盛には「政治哲学という命がけの営み」があったのでしょうか。稲盛は最後の仕事としてＪＡＬの再建を民主党政権に懇願され、七十八歳にしてそれを引き受け、見事にその職責を果たしました。そのプロセスは稲盛の武勇伝の一つになっています。稲盛は無給でこの難儀な仕事を成し遂げました。やっぱりすごい仕事をしたのです。

しかし、日本哲学を代表する西田幾多郎の哲学には、政治哲学の場所はありませんでした。西田にとって政治哲学は「愈つまらぬもの」だったのです。藤田正勝とともに日本哲学研究をリードしてきた優れた哲学者が大橋良介です。大橋は西田が昭和十二年に文部省に頼まれて引き受けた日比谷での街頭演説会のことを次のように語っています。主催は「日本諸学振興会」、この組織は「日本精神の本義」に基づいて教育を刷新し、戦時体制を強化することを目的につくられました。そこで西田は「学問的方法」という演題で演説をしました。この演説で西田が「哲学は政治を離れたものではない。併しまた政治は哲学をはなれたものではない」（大橋良介『西田幾多郎』ミネルヴァ書房、二〇一三年、二二九-二三〇頁）と語ったことを大橋は報告しています。あたかも西田の哲学に政治哲学があるかの如く聞こえてきます。しかし、すかさず大橋はそのような思いを「しかし西田には、この言葉を特に主題的に展開する思索は見当たらない。主催者の文部省を少し慮《おもんぱか》っての言葉だったと考えられる」（同上、二三〇頁）

ときっぱりと否定しています。やはり、西田の哲学には政治哲学の入り込む余地はなかったのです。
それに対して、西田の哲学が哲学の基礎的部分を共有しているグリーンの哲学は、「共同善」の高まりとしてのより善き社会・国家をめざしました。グリーンには政治哲学がありました。グリーンにあって、なぜ西田にないのか。私にはそれぞれの哲学の出発点にこの違いを理解するための鍵があるように思われます。グリーンにはドイツ観念論、とりわけヘーゲルからの大きな影響と同時にジョン・ロック以来のイギリス経験論の哲学があり、西田には東洋的な禅の教があったからではないかと想像しています。この論点には、ここではこれ以上首を突っ込まないようにします。

では、稲盛和夫のフィロソフィには、政治哲学があったのでしょうか。稲盛は民主党政権に請われてＪＡＬ再建に乗り出しましたが、それは京都府選出の民主党議員との関係が大きかったようです。稲盛が民主党に請われて、ＪＡＬ再建の仕事を引き受けたからといって、稲盛は政治世界（政界）に進出したわけではなかったのです。稲盛は彼の諸著作で時折語っていますが、彼自身はとても保守的な人間です。政党でいえば、自民党、それも最右派に近いのではないでしょうか。しかし、そうであるからといって稲盛が何らかの政治哲学をもち、政治に関心があったとは思えません。稲盛の関心はやはり会社経営にあったのではないでしょうか。稲盛にはたしかに経営哲学があり、そしてそれに付随する人生哲学のようなものはありましたが、どうも政治哲学はなかったようです。

右の点について、もう少し考えてみましょう。稲盛は自身の経営理念を『京セラフィロソフィ』あるいは『ＪＡＬフィロソフィ』で訴えています。それによると、稲盛の経営理念は「全従業員の物心両面にわたる幸福と人類社会の進歩発展に貢献することを目的にする」（稲盛和夫『京セラフィロソフィ』サンマーク出版、二〇一四年三八頁、以下では「京セラ」と略記）というものです（この経営理念は稲盛の多くの著作のなかに出てくる、稲盛経営哲学の「お題目」のようなものです）。稲盛は「京都セラミック」を立ち上げて三年目に、高卒若手従業員から辞職覚悟で「生活を保障せよ」との要求を掲げた団体交渉を申し込まれます。稲盛の著作のあちこちに出てくる話ですが、稲盛はこの交渉に実に真剣かつ誠実に対応しています。その対応の結果、若手従業員は継続して働くことになりました。実は、この交渉の結果生まれたのが先の経営理念なのです。「物心両面の幸福をめざす」という文面にその成果が現われています。しかしここで注意しておかなければならないのは、次のことです。稲盛は以下のように経営理念について きわめて正直に語っています。

稲盛和夫が技術者としてまた、大株主として成功するのが目的ではなく、「全従業員の物心両面の幸福を追求する」ことを目的としてこの会社を経営するのだとしたわけです。しかし、それでは従業員の幸せだけを追求するようにもとられかねないので、「人類、社会の進歩発展に貢献すること」ともうたったのです。（同上）

この文章をどう読めばいいのでしょうか。私にはどうも「人類、社会の進歩発展に貢献すること」が付け足しのように感じられます。稲盛の正直さが現われた文章だと思います。ただ、それがたしかに付け足しであったとしても、稲盛の功績は充分に「人類、社会の進歩発展に貢献」していると思います。「全従業員の物心両面の幸福追求」それ自体がすでに、「人類、社会の進歩発展に貢献」していると考えられるからです。

「全従業員の物心両面の幸福追求」という稲盛の会社経営の基礎にある経営哲学は、稲盛のゆるぎない実績に支えられて、多くの経営者、そして経営者をめざす人びとに支持されています。生前稲盛を塾長とする「盛和塾」という経営セミナーがつくられ、世界大会まで開かれています。塾生一万三千人を擁する活動的大組織になりましたが、二〇一九年三十五年の歴史を閉じました（稲盛和夫『心。——人生を意のままにする力』サンマーク出版、二〇一九年初版発行、九四頁参照、以下「心」と略記）。「全従業員の物心両面の幸福追求」という経営理念も、その理想が高いがゆえに現実にはさまざまな問題が発生してくるでしょう。でも、稲盛は盛和塾会員の一つ一つの質問にとても懇切丁寧に、ときにはきっぱりと答えを提示しています（稲盛和夫『人を生かす——稲盛和夫の経営塾』日経ビジネス文庫、二〇二二年第十二刷を参照のこと）。こうした稲盛の経営哲学の基礎にあるのは、稲盛の人生哲学です。この章以後は、稲盛のこの人生哲学をめぐって展開していきます。

この章の最後にこのことだけは付け加えておきたいと思います。稲盛にはやはり政治哲学はありません。それは西田と同じです。稲盛はけっして政治世界に入っていくことはありませんでした。政治世界に飛び込むとは、国家社会のグランドデザインを描き、その実現をめざすということです。稲盛がそのようなグランドデザインを描かなかったのは事実ですが、稲盛自身は「全従業員の物心両面の幸福追求」という理念は、たとえ政治的グランドデザインを描いていないとしても、それは国家社会の発展につながっていると考えていたのではないかと思います。西田に政治哲学がないのと、稲盛に政治哲学がないのとは、質的にずいぶん違っているのです。

ただ、次のことは付け加えておきたいと思います。たとえば、企業家は基本的に自分の企業のことを考えます。政治家は基本的に自分の国あるいは共同体のことを考えます。哲学者は全体、つまり全世界や全人類のことを自分のこととして考えます。ソクラテスはアテナイの政治のことを考えましたが、その哲学的思索は全世界・全人類にまで及ぶ普遍的なものでした。稲盛和夫は一企業家ではありますが、実は稲盛にはその枠を超えて、人間そのものや世界そのものについて考える発想がありました。それが稲盛フィロソフィなのです。

9 稲盛の人生哲学の基底にあるもの

1　努力はかならず報われる

稲盛によれば、人生は二つの要素からできています。一つは「運命」であり、もう一つは「因果応報の法則」です。この人生を形成する二つの要素については、稲盛のほとんどの著作のなかで語られています。本書では理解しやすくするために、これまでしばしば取り上げている「稲盛の哲学」を主として使用し、この二つの要素について考えてみたいと思います。

稲盛によれば、人の一生は「運命」と「因果応報の法則」が「DNAの二重らせん構造のように縒《よ》り合って」(「稲盛の哲学」一一一頁) つくられています。運命とは人生の定めのようなもので、人が生まれる前から定められています。運命とは、ただ単純に頭がいいとか悪いとかだけでなく、その頭の良さをいかに発揮できるかできないかまで定められているというものです。つまり、各人の人生のあらすじは定められているということです。

他方、「因果応報の法則」とは、この世での各人の生き方によってその人の人生のあり方が左右されるという法則です。ちなみに、稲盛は現世の思いや行動で作られるものを「業（カルマ）」（同上）とも呼んでいます。稲盛はよく「善根は善果を生み、悪根は悪果を生む」といいますが、その意味は善い心でおこなえばかならず善い結果がもたらされ、悪い心でおこなえばかならず悪い結果がもたらされるということです。こうした言説は、この世で日常生活を営んでいる私たちにはにわかに信じがたいどころか、現実はむしろその逆ではないかとも思われますが、短期的には逆に見えることがあるにしても、長期的に見ればかならずや「善根は善果を生み、悪根は悪果を生む」ことになると、稲盛は確信をもって主張しています（同上、一二一頁参照）。

人生は「運命」と「因果応報の法則」からできているという稲盛人生論の特徴は、「「因果応報の法則」が「運命」より若干強い」（同上、一一一頁）と稲盛が説き始めるとき、断然人びとの受け容れやすいものになります。私たちの運命はおおよそのことが定められているけれども、この世をどのように生きるかによって、運命を変えることができるようになるのです。つまり、善い心で善いことをおこなえばよい結果がもたらされるという「因果応報の法則」によって、定められている運命が変えられるのです。この点において、稲盛の人生論は多くの人に受け容れやすいものになるのです。努力はかならず報われるのですから。

このような人生論が安岡正篤《やすおかまさひろ》の『陰隲録《いんしつろく》』解釈に基づくものであることを、稲盛はいたるところで語っています（たとえば、同上、一一二頁、また稲盛和夫『生き方――人間として一番大切なこと』サンマーク出版、二〇二二年初版一四六刷、二一一頁参照。以下「生き方」と略記）。しかしながら、「努力はかならず報われる」ということは受け容れることができても、運命の存在や因果応報のあり方を理解し肯定できる現代人は、むしろ少数派なのではないでしょうか。そういうものは「単なる迷信」にすぎないとして簡単に否定されるのが現実の姿であるような気がします。とはいっても、稲盛のこうした考えがそれなりの説得力をもっているとするなら、それは稲盛の経歴のなせるところであり、誰も真似することができない彼の成功体験にあるのではないでしょうか。

稲盛は運命や因果応報を司る働きをアダム・スミスのように「見えざる手」と呼んでいます。そしてその働きの本体を「サムシング・グレート」や「創造主」そして「神」とも呼んでいます（「稲盛の哲学」四一頁、「生き方」二二二頁参照）。それでは、稲盛においては「創造主・神」と人間との関係はどのように考えられているのでしょうか。これまで論じてきたグリーンや西田幾多郎と比較しながら見ていきましょう。

2　神と人間

（1）グリーンの場合

まずグリーンの倫理学を思い出しておきましょう。グリーン倫理学は「人格（自我）実現説」と呼ばれ、人格（自我）の実現を人間の目的としていました。また、グリーンは自己実現を目的とする人間の本質を「自由」であることに見ていました。さらに、グリーンは自由を人間理性の働きに見ていました。ただし、グリーンのいう理性は感性や感情などと対立するものではなく、それらを含む人間の心の働き、グリーン流に表現すれば「人心の全体」（『中島』一〇六頁）のことでした。グリーンは、広い意味で「人間の心」を理性と呼んでいました。

一方、グリーンにとって理性はたんに「人間の心」であるばかりでなく、「万有の本体すなわち実体」（同上）でもありました。理性はたんに人間理性であるだけでなく、「万物の根拠になっている真に存在するもの」でした。だからグリーンは、「全世界」は理性であり、世界は理性によってできていると考えていました。万物の実体としての理性を「世界理性」と呼ぶなら、「人間理性」も理性としていわば世界理性と同じものなのです。私流にわかりやすくいえば、世界理性が大理性であり、人間理性は小理性といえるでしょう。すでに指摘しておいたように、西田はこの世界理性を「大覚識」と呼び、人間理性をその現われとしました。世界理性を神と呼ぶなら、人間理性は神の現われということになります。

グリーンはこうした理性の働きを「良心」と呼んでいました。グリーンにあっては、「良心」とは「理想に関する理性の働き」（同上、一〇八頁）でした。グリーンが人間の理性を「良心」と呼ぶのは、人間理性が自分のなかにある世界理性である神、すなわち「理想」に従う働きだからなのです。簡略化していえば、そうなります。人間理性はそういう神と人間との関係に基づいて、理想の実現をめざして働く人間の実践力ということになります。

（2）西田幾多郎の場合

西田の場合も基本的にはグリーンの構造と変わりません。なぜなら、西田はグリーンの形而上学を引き継いで、彼の哲学の骨格部分を形成しているからです。両者の違いは各自の哲学のなかに「政治哲学」があるか、ないかの違いでした。グリーンにはありましたが、西田にはありませんでした。その違いから目を離さずに西田における世界理性と人間理性の関係を見てみましょう。

西田は大覚識は何において再現するかと問い、「大覚識は必ず亦道理と意志を有する自覚的自個即ち吾等個人に於て再現す」（「大意」三九頁）という答えを与えています。覚識とは人間の精神的・意識的働きですが、その働きも世界理性・神である大覚識の現われであるのです。大覚識の再現はグリーンにあっては、私たちの実践を通して社会や国家の制度や法として再現されていきます。しかし、西田にあっては、大覚識の再現はあくまでも個別的意識においてなされるのです。ここがグリーンと西田の違うところですが、世界理性と人間理性、大覚識と覚識、神と人間の関係としては、両者は同一の認識をもっていました。

神と人間とのこのような関係は、グリーンにおいても、西田においても人間の道徳的生き方の基礎になっています。このことをしっかり再確認しておきましょう。西田のグリーン解釈によると、グリーンにあっては私たちにはもともと「道徳的能性（moral capabilities）」（道徳的に生きる能力）があり、この道徳的能性を満足させるものが「道徳的善（moral good）」でした。道徳的能性である人間が、それに従って意図することが「善意」であり、これに従ってなされる行為が「善行」です。私たちにとって

「道徳的善」とは、快楽ではなく道徳的能性を満たすことなのです。では、私たちの道徳的能性はいずこから来るのでしょうか。西田は次のように語っています。

前編に云いし如く、吾人の道徳的作用は宇宙大覚識の再現する自覚的覚識作用にして、是即ち吾人が道徳的能性を有する所以なり。（同上、三八頁）

「前編に云いし如く」とあるように、そこでは私たちの知識も意志も「宇宙大覚識の再現」と語られていました。私たちの「認識」も「実践的行為」も私たちの根底にある宇宙大覚識の現われなのです。右の引用文では、「宇宙大覚識の再現」が、とりわけ私たちの道徳的行為の根拠になっていることが強調されています。

それではここで私たちの実践、道徳的行為の根拠としての大覚識についての認識をもう一歩深めておきましょう。西田によると、「善はいかなるものであるか、何故に善を為さねばならぬかの問題」を「人性」より説明する倫理学こそ本来の倫理学でした。西田にとって、倫理学はこのようなものでなければなりませんでした。西田によると、そうした倫理学である自律的倫理学は三形態に分けられます。まず第一は、人性のうち「理性」を本とする「合理説」。次に、人性のうち「苦楽の感情」を本とする「快楽説」。最後に、人性のうち「意志の活動」を本とする「活動説」です。

西田は「合理説」に一定の評価を与えています。合理説とは、一般的には意識の内なる理性の作用に善悪（価値）の基準を置いている学説です。しかし、西田はけっしてそのような理解に納得してはいませんでした。西田にあっては、「理は意志の価値を定むべきものではない」（『善の研究』一四二頁）のです。西田にとってはあくまでも「実在の根本たる統一力」にこそ、つまりその統一力の発現たる意志の活動にこそ善悪の基準はあるのです。『善の研究』では、大覚識が「実在の根本たる統一力」とも換言されています。西田は「活動説」を採るのです。

活動説を語るに、西田は自分の主張する活動説がそれ以外の一般的道徳論と異なることを次のように語っています。

世のいわゆる道徳家なる者は多くこの活動的方面を見逃している。義務とか法則とかいって、徒に自己の要求を抑圧し活動を束縛するのをもって善の本性と心得ている。（中略）［このように］徒に要求を抑制するのは反って善の本性に悖《もと》ったものである。（中略）いわゆる道徳の義務とか法則とかいうのは、義務あるいは法則そのものに価値があるのではなく、反って大なる要求に基づいて起こるのである。（同上、一四四頁）

一般には、義務や道徳法則（すなわち一般的にいえば「理性の法則」、西田は先に「理」といっていました）に従う行為が善い行為です。『善の研究』第三編第十章でも語られているように（『善の研究』一四八－一五〇頁参照）、その点については西田もまったく異存はありません。ただし、一般に義務や道徳法則に従うことが善い行為であるとされる場合、義務や法則は絶対的であるから「命令的威厳」をもつものと想定されています。「命令的威厳」とは、私たちの行為を「束縛する力がある」という意味です。

しかし、西田によると、義務や法則（理）が絶対であるから束縛する力を有するのではなく、それが「大なる要求」、すなわち「宇宙大覚識の再現」であるから、絶対的なのです。西田は「我々が理性に従うというのも、つまりこの深遠なる統一力に従うの意に外ならない」（同上、一五〇頁）と釘を刺しています。そして、この統一力を「人格」（同上、一五一頁）とも呼び、さらに「宇宙統一力」（同上、一五二頁）とも言い換えています。人格を宇宙統一力と呼ぶとき、西田とグリーンは身近にいるように見えます。一般に私たちが「神」と呼ぶのは、この「統一力」あるいは「宇宙大覚識」のことです。何回も確認しておきますが、西田における神と人間の関係とは、このような「宇宙大覚識」と、その現われである人間の「意識」との関係に他なりません。

（3）稲盛和夫の場合

西田が「覚識」というとき、多くの場合は「意識」と置き換えてもそれほど支障はありません。私たちの意識は世界の根底を流れている「大覚識」の現われです。私たちの行為を企図する「意志」も、広義には意識といって差し支えないでしょう。一般的には、人間とはこうした意識活動をおこなう生物の意味です。

私たちは先に第5章で西田幾多郎の純粋経験を論じたときに、人間の意識活動について少し触れておきました。私たちが私たちの外にある対象を意識することを「対象意識」といいます。また、対象を意識している意識（なにものかを意識している私）を意識するとき、その意識を「自己意識」といいます。対象意識といっても、自己意識といっても、フィヒテの場合あくまでも「意識活動」があるだけでした。

まず、意識する自我という実体があって、その働きがあるのではなく、ただ純粋にその「活動」があるだけでした。フィヒテはそういう意識のあり方を「事行（Tathandlung）」と呼んでいました。西田が「純粋意識」というときの意識は、まさしくこのような働きとしての意識でした。

しかし、稲盛は意識をそのような意識活動として捉えていません。稲盛は意識を実体として捉え、「意識体」（『稲盛の哲学』三三頁）と呼んでいます。意識体とは「宇宙の意志に過去世でつくりあげた人格がプラスされ、さらに現世でつくった経験がしみ込む」（同上）ことによって形成された実体です。稲盛はもう少しわかりやすく語っていますので、そこを引用したいと思います。

> 私は人間の根源には宇宙の意志があると考えています。私はそのうえに輪廻転生が行なわれていて、過去世において経験した意識を人間は引き継いでいるのではないか、それが「もともとあるもの」ではないかと考えています。（同上、三二頁）

ここで稲盛が語る「宇宙の意志」は「神の意志」と読み替えることができます。とはいえ、稲盛は創造主を神と呼ぶことをしぶしぶ認めているだけです。なぜなら、「神」という名称は、キリスト教『旧約聖書』「創世記」の「全知全能の神」という印象が強いからです。また、稲盛には日本の神々すら全知全能の神と考えている節がありますが、稲盛はそのような全知全能の神は現代人には納得がいかないものであると考えています（同上、四〇頁参照）。稲盛によると、私たちは宇宙の意志の下で「輪廻転生」を繰り返し、そのなかでさまざまな経験をおこないます。私たち人間はその経験の結果を連綿と引き継いでいる「意識体」なのです。だから、「意識体」としての私たちには過去の経験が雪のように降り積もっているのです。もちろん、稲盛は私たちの「意識」は経験の集積を担っているわけですから、たんなる意識ではなく「意識体」と呼びます。ここでは私たちは「身体」をもった意識存在として考えられています。

私たちが過去世を背負った「意識体」として存在している証拠として、稲盛は「良心の呵責」とか「良心に目覚める」ことを挙げています。過去世のなかで培われた「良心」が何かのきっかけでフッと現われるのだというのです。よくおとぎ話で語られることではありますが、そういう過去の経験に「脳細胞」が反応して「良心の呵責」が現われるのだと稲盛がいうとき、稲盛の「意識体」は身体・肉体によって担われているのだと確信できます（同上参照）。現世ではこのように意識体は肉体とともにあるのですが、稲盛は意識体を「肉体が滅びてもなくなることはありません」（同上、三四頁）と断言しています。このような確信は俄かには信じがたいところがありますが、その確信はどうも稲盛の経験に裏打ちされているようです。

さて、私たち人間は身体に宿った「意識体」として、私たちの根源にある「宇宙の意志」に支えられて存在しているという観点が出てきました。話の重点を「私たち意識体」から「宇宙の意志」に移しましょう。稲盛はこの「宇宙の意志」の本を、「創造主」とか「神」とか「サムシング・グレート」と呼んでいましたが、もちろん稲盛はこのような存在を認めています。このような存在は私たち人間とどのように関わっているかについても、これまで論じてきました。それからもおおよそ神と人間の関係は理解できますが、ここで神の観点に主題を移して少しだけ神と人間との関係を見ておきましょう。

創造主である神の人間への働きをテーゼ風に言うなら、次のようになります。

創造主はすべてを支配しているのではない。創造主は最初の意志を人間に授けてくれた。その意志とは「すべてのものを幸せな方向に進化・発展させる」という意志である。（同上、四二頁参照）

こうした宣言は、なにかしら稲盛が新興宗教の教祖様になったような感じを私たちに与えます。そういうところもありますが簡略化していうなら、稲盛は創造主である神の人間への関係を「神は人間に善き意志を与えた」と確信し、それを主張しているのです。グリーンは人間理性を「良心」と呼んでいました。「良心」とは「理想に関する理性の働き」（「中島」一〇八頁）でした。本節「（1）グリーンの場合」で述べておきましたが、グリーンが人間の理性を「良心」と呼ぶのは、人間理性が自分のなかにある世界理性である神、すなわち「理想」に従う働きだからでした。人間理性は神と人間との関係に基づいて、理想の実現をめざして働く人間の実践力でした。

人間に善き意志を授けた神の働きを、稲盛は「愛」（「稲盛の哲学」四三頁）とも呼んでいます。しかしそれと同時に、神は人間に「自由」を与えたと、稲盛は続けます。神は人間にもっとも根本的なものとして（稲盛のテクニカルタームを使えば「真我」として）、グリーン流にいえば「良心」を与えました。しかしそれと同時に、その「良心」に従う自由と従わない自由も与えたのです。そう解釈していいでしょう。稲盛によれば、人間の自由行動の指令を出すのは脳細胞です。その際、脳細胞が「優先する」のは「煩悩」であると、稲盛は続けます。煩悩は仏教用語ですが、一般的にいえば「欲望」ということになります。それではここで稲盛を中心に、グリーンや西田の「自由」についての考え方について見てみようと思います。

3 「自由」について

(1) 肉欲について

私たちは動物であり、生命体であります。生きるためには食べなければなりません。また、類として子孫を残さなければなりません。食欲や性欲などの欲望に従うことも人間的自由であり、人間に欠かせないものです。肉体をもつ存在として、私たち人間は欲望を満たす自由をもっているのです。自由とは断然、欲望を満たす自由です。しかし、多くの人が経験し見聞きすることでありますが、欲望の自由は際限を知りません。世の中の悪という悪がここから生まれます。

周知のように、キリスト教では人間が肉体をまとうことを「堕罪」の結果として伝え、その罪の値を「死」としました。エデンの園（神の国）にいたアダムは蛇にそそのかされたエバの言葉に促されて、禁断の木の実を食べてしまいました。約束を守れなかったアダムとエバを神はエデンの東に追放しました。追放されたアダムとエバは肉体をまとうようになり、死ぬ存在となったのです（『旧約聖書』「創世記」参照）。キリスト教では自由に生きること（神との約束を破ること）は、死に値することであったのです。

(2) グリーンの自由観

先に第3章の**3**でグリーンの自由観については触れておきました。中島によると、グリーンの自由は、自由である人間理性が自分のなかにある「理想」に「自発的に」従って生きる「良心」の自由でありました。グリーンはそのような自由を「超経験的」なものと考えました。良心の自由が「超経験的自由」と呼ばれるのは、人間が自分のなかにある理想にみずから積極的に従って活動するからに他なりません。「超経験的自由」とは、経験世界にとらわれない、経験世界の影響を免れた自由を意味しています。つまり、グリーンにあっては、「欲望の自由」は基本的には想定されていないのです。

グリーンがデカルト的心身二元論を受け容れなかったことは、先に第3章**4**で述べておきました。人心を超経験的なもの・超自然的なものと捉えるグリーンは、デカルトの心身二元論に対して否定的でした。なぜなら、もしこの二元論の立場をとり心身を分けてしまえば、次に心身をどのようにつなげるのかという難しい問題が発生してしまうからです。というのも、心身は私たちにおいては一つなのですから。周知のように、デカルトは脳にある「松果腺」で心身をつなげましたが、これによって人間は永遠に身体の影響をパトス（情念）として受け続けなければならなくなったのです。以上のことから、グリーンはデカルト的二元論を排除しているのです。もちろん、デカルトのような心身の結合の仕方は、現代ではまったく問題になりません。それに対して、グリーンの自由は「超自然的自由」といいますが、それは身体的なものの影響を免れているということを意味しているのです。ある意味、グリーンのこうした自由はキリスト教的堕罪論と一線を画しているように見えます。

以上のことから、グリーンは人間の自由、つまり人の心を現象界（経験界、物質界）に属するものではなく、「超経験的」な「叡智界」に属するものと考えているといえるでしょう。自由をこのように考えることによって、人心は理想化されることになります。このような極度の理想主義に愛想をつかしたのが西晋一郎（一八七三－一九四三）でした。グリーンの著作を翻訳するほどにグリーンにのめりこんだ西でしたが、広島文理科大学教授になってグリーンから足早に離れていきました。それこそ、グリーンの極端な理想主義が原因でした。西は男女の愛に肉欲は欠かせないと考えます。幾度も言及しますが、西はそのようにリアルな肉欲的人間関係をいかにして倫理的関係に仕上げていくかを真剣に考えましたが、グリーンからはそのようなリアルな人間関係は感じられないとして離れていきました。

（3）西田の自由観

稲盛和夫の自由観と日本の哲学を代表する西田幾多郎の自由観とはまったく違います。稲盛は自由が諸悪の根源であると考えますが、西田はけっしてそのようには考えていません。西田の自由観についてはすでに第6章で述べましたが、ここでおさらいをしておきましょう。

西田は「大意」のなかで、意志は「大覚識の再現」であるから自由である、というグリーン流の自由意志論を肯定し、引き継いでいます。「意志の自由」を論じる『善の研究』第三編第三章で西田は「我々の意志はこの力〔大覚識、意識の根柢《こんてい》たる理想的要素、換言すれば統一作用なるもの〕の発現なるが故に自由である、自然法則の支配は受けない」（『善の研究』一一七頁）と語っていました。「自然法則の支配を受けない自由」という点に着目するなら、西田の自由論はグリーンの自由論を引き継いでいるといえるでしょう。グリーンの自由論と西田の『善の研究』における自由論とがつながります。

「自然法則の支配を受けない自由」とは、端的にいえば「欲望の支配を受けない」ということに他なりません。グリーンの「超自然的自由」もそういう意味を持っています。そういう自由を西田は「必然的自由」と呼んでいました。「必然的自由」とは外の影響を受けることなく「己自身に従い自ら働く」働きです。すなわち、「必然的自由」とは、身体的欲求ではなく本来の自分自身に従うということ、つまり自分の根底にある「大覚識の統一力」に従うということです。グリーン流にいえば、徹底的に「良心」に従うということです。

しかしながら、私はグリーンも西田も人間は身体的欲望の影響を受けないといっているのではないと思います。受けるのです。西田もグリーンも、私たち人間がどうしようもなく身体的欲望の影響を受けることはよくわかっていました。ただ、その事実は二人にとって「仕方のないこと」でした。二人ともそういう認識の上で、「欲望の影響を受けるべきではない」、「徹底的に己自身である大覚識に従うべきである」、そういう生き方が「善い生き方」であると説いているのだと考えています。私たちの意識のなかで常に働いている「理想的要素」（同上、一一六頁）は、大覚識の現われです。これに従って生きるところに、西田の自由はありました。

4　稲盛の自由観とその周辺

自由には「諸刃の剣」の側面があります。そうではありますが、稲盛にとっては自由はどちらかといえば「悪」の原因でした。これにはそれなりの理由がありそうです。稲盛が多くの著作で語っている二十世紀後半の十七歳の殺人事件に代表される頻発する若者の凶悪犯罪、それらによる社会的混乱が、稲盛の自由＝悪論の根本にあるようです。稲盛は若者に与えられた「過剰な自由」が悪の原因であると考えているのです。

稲盛はそのような過剰な自由を、戦後の学校教育のなかに見ています。稲盛によると、戦後教育は「自由が一番であり、子供の自主性を尊重すべきである」（『稲盛の哲学』八九頁）という方針でおこなわれています。この方針を稲盛から見るなら、「勝手気ままに育てること」（同上、九〇頁）となります。こうした気ままな教育への対抗策を、稲盛は成長段階に応じて教育はおこなわれるべきであると考えているようです。稲盛は教育現場での過剰な自由に対して、「六波羅蜜《ろくはらみつ》」に代表される、欲望を抑制し我慢することの大切さを成長段階に応じて教えるべきであると説いているように見えます。稲盛はけっして自由を否定しているわけではありませんが、自由放任の結果が招いた社会的混乱にいたたまれない気持ちをもっていたようです。

ところで、私たちは現在日本国憲法で保障された基本的人権の下で、自由な暮らしを営んでいます。日本国憲法では、第十八条から第二十三条までで私たちの自由権を保障しています。その中身を見てみると、次のような自由権が保障されています。「奴隷的拘束及び苦役からの自由」、「思想及び良心の自由」、「信教の自由」、「集会・結社・表現の自由」、「居住・移転及び職業選択の自由」です（『新装版　日本国憲法』講談社学術文庫、二〇一三年参照）。私たちの自由は憲法上のこれらの規定を基礎に、それを承認している国民、その国民に支えられた政治によって維持されています。しかしながら、国民や政治に現状に対する不満が蓄積されてくると、社会を支えている憲法上の諸規定の変更が検討されることもあります。日本国憲法を基礎に成立していた「教育基本法」が見直されたのも、稲盛のような不満が鬱屈した結果であると考えられます。

さて、世界に冠たる民主的憲法をもつわが国でも、その歴史はせいぜい七十数年でしかありません。それにしても、戦前の大日本帝国憲法では、自由権はどの程度保障されていたのでしょうか。大日本帝国憲法では、第二章「臣民権利義務」のなかで定められています。第二章は「権利義務」となっていますが、自由権が出てくるのは、第二十二条の「日本臣民ハ法律ノ範囲内ニ於テ居住及移転ノ自由ヲ有ス」（同上）だけです。大日本帝国憲法は、国民の基本的人権を保障しているというよりも、国民の権利を制限し、国民の義務を列挙することによって、国民を臣民として統治することを目的にしていました。こうした戦前の憲法に比べれば、戦後憲法は格段に民主的であると思われますが、そうであるがゆえに、稲盛の感じるような問題も起きてくるわけです。

民主主義国家の人権保障は、哲学的・思想的には啓蒙主義に始まります。そしてその考えに基づいた近代市民革命において実現されていきます。その代表格であるフランス革命で発せられた「人権宣言」（正確には「人および市民の権利宣言」一七八九年）では、自由権はどのように規定されているのでしょうか。まず、第一条で「自由および権利の平等」が高らかに宣言されます。そして第十条で「意見の自由」が、第十一条で「表現の自由」が定められます。私たちが注目しなければならないのは、それら自由権の規程に先行して、第四条で「自由の定義」が「自由とは、他人を害しないすべてのことをなしうることにある」（樋口陽一・吉田善明編『解説　世界憲法集　第4版』三省堂、二〇〇四年、二八五頁）として登場していることです。この定義は、私たちの自由は他者を侵害しない限り認められなければならない、と解釈できます。この解釈は、現代の民主主義国家の自由理解の基になっているJ・S・ミルの「自由の定義」と重なるものです。もちろん、この「自由の定義」は他者も自分とまったく同様な権利をもつということを前提にし、そのような他者の権利を侵さない限り「自由権」は保障されるという意味を含んでいます。

それでは、どれくらいの自由が「他者の権利」を侵さないのでしょうか。その程度はとても幅が広いように思います。ミルの「他者危害則」のように、いま現在の直接的な危害の恐れが想定されるまで自由が認められる場合（加藤尚武氏が名づけた「愚行権《ぐこうけん》」も含む）から、危害の可能性が将来において想定されるだけでは（たとえば、地球温暖化などによる地球環境破壊）認められない場合までのように幅は広いと思います。この幅のなかのどこで落ち着かせるかを担っているのが、政治であり、政治家の仕事だと思います。政治家は国民が納得する場所を見定めなければなりません。

ただ、その場所はどういう組織を想定するかでずいぶん違ってきます。一般の市民社会を想定するのか、地域社会を想定するのか、民間企業を想定するのか、公的機関を想定するのか、あるいは家族を想定するのか、さまざまなレベルが考えられます。ここで稲盛の場合を考えてみましょう。稲盛は企業活動に効率的な経営方式として、「アメーバ経営」なるものを創出しました。一企業内の一組織を独立したアメーバとして捉え、アメーバ内の業務の活性化と効率化を促すことによって企業全体の収益を向上させようというのが、アメーバ経営の狙いです。こうして、各アメーバは目標を掲げ、それぞれのアメーバの利益を上げることをめざすことになります。その目標を達成するために、アメーバ内の構成員は同一の目標や価値観をもつことを要求されます。そしてさらにその目標を達成するための最大限の努力も要求されます。アメーバ経営の成り立ちやその複雑な内容については、次の稲盛の著作がわかりやすく詳細に説明しています（稲盛和夫『アメーバ経営――ひとりひとりの社員が主役』日経ビジネス人文庫、二〇一〇年一一刷、以後「アメーバ経営」と略記）。これからしばしばアメーバ経営に言及する予定です。

ところで、アメーバ内の従業員はこの要求にどの程度従わなければならないのでしょうか。一アメーバが利益を上げるためには、その構成員が心を一つにして同一の価値観と目標をもつことが要求されます。しかし、一民間企業としてであれ、アメーバのそうした要求がどの程度まで認められるかは判断の分かれるところではないでしょうか。強要の程度によっては、ひょっとすると日本国憲法第十九条「思想及び良心の自由」侵害の恐れがあるかもしれません。稲盛自身が、組織全体のベクトルをあわせようとして組織の思想的統一を図ったところ、「それは思想統制ではないか」と批判されたことがあると白状しています。そういう場合でも、稲盛はけっして対話を欠かさず、説得に説得を重ねたようです。しかし、それでも安易に妥協せず、最悪の場合会社を辞めてもらったこともあったようです（「心」一一三―一一四頁参照）。一企業体としてもはたして許容範囲のことであるのかどうか、評価が分かれるところではないでしょうか。

さて、稲盛は鹿児島大学で有機化学を専攻していましたが、卒論には無機化学のセラミックスを選ぶことになりました。戦後すぐの就職難の時代、稲盛が就職先に選んだのは松風工業というセラミックスの会社だったからです。稲盛はそれ以来技術者としての道を歩んできました。しかし、やがて経営者としての能力も発揮することになります。それを象徴しているのがアメーバ経営です。アメーバ経営は松下幸之助が発案した「事業部制」に匹敵する経営イノベーションとされています。いま私たちはそれのもつ否定的側面に目を向け、それについて少し論じたわけですが、もちろん、アメーバ経営には評価されるべき多くの側面があります。そういう側面については以下の（　）内の文献を参考にしてください（北康利『思い邪《よこしま》なし――京セラ創業者稲盛和夫』毎日新聞出版、二〇一九年、二二四－二三一頁。以後「北」と略記。「ガキの自叙伝」九四－一〇一頁など多数）。しかし、哲学はアメーバ経営の良い点は理解しつつも、いつでも全体的視点を保ち、負のベクトルにも目を向け、そういう側面が抱える諸問題を蔑ろにしないのです。

　ということで、ここで少し目を転じましょう。稲盛の三番目の大きな仕事です。ＪＡＬ再建を託された稲盛は、たんにサービス部門のアメーバだけでなく会社全体に意識改革を求めました。稲盛はＪＡＬ倒産の原因をＪＡＬ全体の「心」のあり方に見ていたのです。日本航空のエリート意識の強い会社経営は、顧客への「傲慢・不遜」として現われていました。「気持ちの入っていないマニュアル的サービス」、これを顧客は敏感に感じ、日航離れを加速していきました。もちろん、ＪＡＬ倒産の原因はそれだけではありませんが、稲盛のＪＡＬに感じた「心の不在」が、会社経営のあちこちに出ていると稲盛は見てとったのです。そういう思いをもった稲盛はいち早く、無報酬を宣言し、ＪＡＬの「心の改革」（自利から利他へ）に乗り出しました。最初はエリート意識から大きな反発を受けますが、コンパなどを通じての稲盛自身による必死の説得でＪＡＬ社員の「意識」は大きく変わり、わずか三年での再建となったのです。これが簡単なＪＡＬ再建の成功譚です。

　現在では、この成功譚は高く評価されています。なにせ倒産した巨大企業を再建したのですから。再建するということは、多くの社員の雇用を守り、生活を守ったのですから。まさしく、『京セラフィロソフィ』にあるような「全従業員の物心両面にわたる幸福」ばかりでなく、「人類社会の進歩発展に貢献することを目的にする」という目標を実践したのです。もちろん、その成功の裏には多くの涙があり、多くの怨嗟《えんさ》が残ったことでしょう。そういう負の側面のあることも、人間としては忘れてはならないと思います。とはいえ、貸借対照表的に見れば、ＪＡＬ再建は明らかに損失より利益のほうが大きかったといえるのではないでしょうか。

しかし、稲盛によるＪＡＬ再建のためのＪＡＬへの要求のようなものが、社会全体に対しておこなわれるなら、これは問題となる可能性があります。たとえば、いまはもうまったくの少数派になってしまった古い世代の人びとは「大東亜共栄圏」構想や「八紘一宇」の精神、あるいは少し砕いて言えば「欲しがりません、勝つまでは」の精神などを、戦前の忌まわしい記憶とともに思い出すかもしれません。しかし、「大東亜共栄圏」構想それ自体は、それなりに善い側面もあるのだと、強弁する人もいます。なにせ、平たくいえば「アジア支配をもくろんでいる欧米の国々に対して、アジアの国々が大日本帝国を頂点にして団結しよう」という構想ですから。しかし、戦前の「大東亜共栄圏」構想の強調や強要は、本書第7章**2**節で論じた「結合の強度が強迫的なる場合」に当てはまります。「自由の不在」です。だから、私たちは一つの価値の強要にはいつでも慎重でなければなりません。

このように、稲盛のＪＡＬへの要求にしても自由がどの程度認められるかは、実はとても難しい問題なのです。稲盛のＪＡＬ変革のための要求は、全社員が「心を高め」、「利他の心」で仕事ができるようになることでした。「利他の心をもつこと」は、人類にとって普遍的価値であるように見えます。ただ、「利他の心をもつこと」は、八時間という労働時間の間だけもてばいいものではありません。また、「利他の心」を振りかざして、「利他の心」とは似ても似つかないものを強要されたり、人によっては考え方の強制によって、全人格を変えられることもあるかもしれません。そのような要求の危険性についても自覚しておかなければならないのではないかと思います。

ただ、そういう危険性はたしかにあるものの、稲盛が関わった京セラをはじめとする各企業においては、経営側と労働者側の関係がきわめて良好に推移しているように見えます。稲盛自身が語っているように、京セラにおいても労働組合が結成され、稲盛もその対応に多くの汗をかいています。その汗のせいか、京セラ労組はゼンセン同盟傘下の組合として活動していましたが、一九七四年ゼンセン同盟から離脱し、独立労組となっています（「ガキの自叙伝」一二九頁）。ゼンセン同盟といえば、労組のなかでも右翼に位置し、どちらかといえば労使協調路線を採っていますが、そこすら脱退し独立性を高めるほど京セラ労組は経営者側と良好な関係にあるのでしょうか。そういう関係にあるとしたら、ひょっとしたら「労務管理」のなかに「利他の心」が生きて働いているのかもしれません。ただ、ここは労使関係や労務管理を議論する場所ではないので、この点についてはこのくらいにしておきます。しかし、労使関係が稲盛の関わった企業群において、現在どういう状態にあるのかはいずれしっかり知りたいと思っています。

私たちは稲盛が自由＝悪と考える傾向をもっているということから、問題を拡大して「自由」の抱える問題をほんの少しだけ考えてみました。ここで元に返りましょう。グリーンの「超自然的自由」も、西田の「必然的自由」も、大きく捉えるなら「自律的自由」としてまとめることができます。自分のなかにある本当の自分、つまり大覚識の要求に従って欲望を律していくところに真の「自由」があると、両者とも考えていました。それに対して、「自由であること」に対してあまりよい感情をもっていない稲盛はどうなのでしょうか。

稲盛の「自由」についての考え方が、次の文章にはよく表現されています。

尊い自由が使いようによっては悪をなすという意味では、たとえていえば包丁のようなものでしょう。使いようによっては人を殺す道具にもなるし、人間の食を支える道具にもなる。ですから私は、自由そのものは肯定しますが、その使い方には十分に気をつけなければならないと思います。（「稲盛の哲学」八五頁）

私たちは自由＝悪の部分、つまり文章中の「その使い方には十分に気をつけなければならない」自由については論じました。それでは包丁のもつよい側面、「肯定される自由」について稲盛はどのように考えているのでしょうか。

稲盛にとって、人間の生の目標は「心を高める」（同上、三四頁。稲盛のほとんどすべての著作のなかに出てきます）ことです。それは「人間性を高める」、「心を純化する」、「心を美しくする」、「豊かな思いやりの心をつくる」などとも言い換えられます。稲盛にとって、人間の自由は、まさしくこれら「心を高める」ために使われてはじめて、本来の働きをすることになるのです（でも、欲望を選択する自由も私たちに試練を与え、私たちを本来の自由へと目覚めさせる働きがあると、稲盛は遠慮がちに語ってはいますけれども）。

結論から先にいえば、稲盛の「心を高める」自由は、悪への自由に立ち向かい、それと対決し、それを克服していく自由であります。人間には「煩悩」があります。煩悩のなかでも特に激しい煩悩を、稲盛は「三毒」と呼んでいます。三毒とは、まず何でも自分のものにしようとする貪欲な心である「貪《どん》」、欲望といってもいいでしょう。次に、自分勝手でうまくいかないと怒ってしまう浅ましい心である「瞋《しん》」、怒りといってもいいでしょう。さらに自分の思い通りにならないことに愚痴をもらし、ただただそこにとどまり、思い通りにならない理由について知ろうとしない心である「癡《ち》」、愚痴といってもいいでしょう。これら煩悩は私たちが生きるのに必要なものではありますが、自由が煩悩に負けてしまうと「悪」を作り出すことになるのです。ですから、三毒に代表される煩悩はコントロールされなければならないのです（「稲盛の哲学」四八-四九頁、「生き方」一五二-一五三頁、「心」一八八-一八九頁など参照。なお、稲盛の著作のなかで三毒についてもっとも説得力があるのは『人生の王道――西郷南洲の教えに学ぶ』日経BP社、二〇一九年九刷の六五-七〇頁でしょう。以下「人生の王道」と略記）。このコントロールし、律していく自由が「克己の自由」です。稲盛の説くこのような自由は、形式上はグリーンや西田の自律的自由に連なることになります。ここにおいて、稲盛の自由論は、あくまでも形式上ではありますが、グリーンや西田の列に加わることになるのです。

ただ、西田の場合の克己の自由は、個々人の内面の悪との戦いであります。克服されるべきは自分の内面の悪なのです。それに対して稲盛の克己の自由の場面には、厳然と他者が立っているのです。そこではとてもリアルな損得が、儲かるか損をするかがかかっているのです。稲盛の語る「心を高める」ことは、具体的な私たちの生活世界の場面では、しばしば「利他の心をもつこと」として語られます。

「心を高める」とは「他者のために生きること」なのです。「利他の心」はこのリアルな世界で形成・鍛錬されなければならないのです。実は、このような「心を高める」という道徳性こそ稲盛フィロソフィのもっとも根本にあるものなのです。次章からはいよいよ稲盛フィロソフィの本丸である「利他の心」を論じることになります。

5　降って湧いた衝撃
――ビッグモーターの場合

稲盛フィロソフィの本丸である「利他の心」を論じる前に、見過ごすことができない事件が起こりました。次章の**2**まで書いてしばらく経ったとき、ビッグモーターの衝撃的な事件が報道を通じて明るみに出てきました（二〇二三年七月二十二日頃のことです）。ここにその一報を聞いた私の直感的反応と少しの考察を残しておきたいと思います。ビッグモーターは自利説の極限のあり方を表現していると感じたからです。

ビッグモーターは、もともとは山口県岩国市にある自動車修理工場だったようです。しかし修理だけでは儲からないということで、中古車販売業へも業務を拡大し、自動車に関わるさまざまなビジネスを多角的に取り扱うようになって急成長した会社らしいです。衝撃的な事件とは、車の修理に関してビッグモーターが損害保険会社に不正請求をしていた可能性があることが判明したということです。それをきっかけにビッグモーターの会社運営の仕方が、まったくの人権無視であることも表に出てきました。

先に、アメーバ経営のなかで、どうしても意見の合わない場合は会社を辞めてもらったことがあるという稲盛の報告について述べておきました。しかしそれどころか、ビッグモーターにおいては、一人の上司が従業員の生殺与奪の権利をもち、気に入らなかったら即刻解雇などの人権無視の会社運営が日常茶飯事におこなわれていた可能性が浮上してきたのです。

これからこの事件がどう展開していくかわかりませんが、私にとって衝撃的であったのは、ネット上で明らかになったビッグモーター『経営計画書』の「経営の原点12カ条」にある文言です。ネット上のことですから、この計画書が正しいものであるかどうかについては疑う余地もありますが、一応本物と考えて論を進めてみます。私はその文言のなかに『京セラフィロソフィ』のなかにある文言がすっかりそのまま使われていることを発見したのです。たとえば、「経営の原点12カ条」の一条には先に触れておきましたが、「京セラの経営の理念」が以下の点線を引いた部分のように、ほぼそっくりそのまま出てきます（おそらく、経営者もしくは幹部が稲盛の盛和塾に通うか、あるいは『京セラフィロソフィ』を直接読むかして、「京セラの経営の理念」に遭遇したものと思われます）。

ビッグモーター社「経営の原点12カ条」

1. 事業の目的、意識を明確にする。

公明正大で大義名分の高い目的を立てる。（全社員［稲盛は全従業員］の物心両面の幸福を追求すると同時に、人類社会の進歩発展に貢献する。）

また、3.では次のようになります。

3. 強烈な願望を心に抱く。
目標達成のためには、潜在意識に透徹するほどの強く持続した願望を持つこと。

右の点線を引いた文言は『京セラフィロソフィ』の第一章4のはじめにあります。さらには、5.と6.では『京セラフィロソフィ』第三章の文言が続きます。

5. 売り上げを最大限に経費は最小限に。
6. 値決めは経営。

ビッグモーターの「経営の原点」のこれ以外の条項もほとんど内容的には『京セラフィロソフィ』のなかにあります。こう見てくると、ビッグモーターは稲盛の経営理念をまとめた『京セラフィロソフィ』に従って、経営がなされたように見えます。そうであるのに、なぜこのような事件が起こったのでしょうか。とりわけ、ビッグモーターの「経営の原点」の5.と6.は、アメーバ経営に直接関わる項目です。先ほどアメーバ経営の問題点には触れておきましたが、ビッグモーター事件はアメーバ経営が内蔵しているその危険性がそっくりそのまま明るみに出たものと思われます。この事件は稲盛の経営哲学が利用された側面もありますが、稲盛経営哲学がもっている負の側面が出てしまったという側面もあるように思われます。たしかに、そういう側面があることは否定できません。しかし、一番の問題は、ビッグモーターの「経営の原点」には、稲盛がもっとも強く唱えている『京セラフィロソフィ』の基底、すなわち人間の本性としての道徳性が忘れ去られているということです。なるほど、ビッグモーターの「経営の原点」1.では、「京セラの経営の理念」が声高に叫ばれてはいます。しかし、それはただ叫ばれているだけで、魂が入っていないのです。ここでいう「魂」とは、人間のもつ道徳性、すなわち「利他の心」の「涵養」と「実践」のあり方のことです。ビッグモーターの「経営の原点」には、これらが欠落しているのです。それが欠落すれば、ビッグモーターの「経営の原点」はまったくの「自利主義」(自分だけ儲かればいい)の表現でしかないのです。ビッグモーターの「経営の原点」の5.や6.の強要は、「道徳性」という人間性の放棄の可能性をもっているのです。ということは、京セラでも経営の根本である「利他の心」という道徳性が少しでも疎かにされたら、ビッグモーターのようになる可能性もあるということです。(二〇二三年七月二十三日記す)

10 稲盛フィロソフィの根本

利他の心（1）

稲盛フィロソフィにとって、その目標とするところは私たち人間が「利他の心」を身に着け（「自分の心のなかにある利他の心を深く自覚し」と表現したほうが適切かもしれません）、利他的に生きることができるようになることです。このような境地に至るプロセスを、稲盛は「心を高める」ともいっています。稲盛にあって、そういう生き方が絶対的に正しく善い生き方であるのは、そうした生き方が「宇宙の意志」に従っているからです。その生き方が実現されるならば、世界に調和がもたらされ、私たちのような一人ひとりの小さな人間にも平穏や安寧がもたらされることになるのです。

稲盛は、戦後まもなく京セラを立ち上げ世界一流の大企業に仕立て上げました。また、一九八五年通信事業にも乗り出し、現在のＫＤＤＩへと育て上げました。『京セラフィロソフィ』や『ＪＡＬフィロソフィ』は立派な冊子になって販売もされています。また拝見したことはありませんが、『ＫＤＤＩ

フィロソフィ』という名称の冊子もあるようです。ネットで確認すると、KDDIの社是には「利他の心」の代名詞である「心を高める」が刻まれています。社是「心を高める　～動機善なりや、私心なかりしか～」と。「動機善なりや、私心なかりしか」とは、「あなたの意志は本当に利他の心に基づいていますか」という意味です。

さて、稲盛は晩年になって、倒産した日本航空（JAL）の再建を委任され、三年で見事にJALを復活させました。そのような華々しい稲盛の業績の根本にあって、三社の立ち上げや復活を支えたものこそ、三社経営の中核となった「利他の心」でした。しかし、一口に「利他の心」といっても、なかなか理解しにくいのではないでしょうか。そこで本章では、稲盛の説く「利他の心」がどのようなものなのかを論じたいと思っています。そのなかでまずは、これまで論じてきたグリーンや西田幾多郎における「利他の心」に本章で触れてみたいと思います。それに続いて、次章第11章で稲盛フィロソフィの根本にあり、稲盛フィロソフィを支えている稲盛和夫の「利他の心」について述べていきます。また、その都度、利他的行為がもたらすいくつかの問題についても言及するつもりです。

1　利他の心
——グリーンの場合

グリーンの考える自由は「超経験的自由」でした。グリーンにとって、人間は本来経験世界の存在ではありませんでした。つまり、本来人間は経験世界の存在ではないから、「超経験的自由」とは経験世界、すなわち身体的なものに影響されないという意味をもっていました。私たちは、グリーンのこのような考え方に、グリーンのとてつもない理想主義を見ることができました。

第3章の**4**で述べたことではありますが、中島によれば、グリーンは人間に利他的行為が可能であるとするなら、人間は因果法則に縛られている経験的、物質的存在であってはならないということを語っていました。これを逆読みすると、人心が経験的・物質的レベルのものであるなら、人間のすべての行為は自利的であるほかないと、グリーンは考えていたことになります。自利的な人間に利他的な行為が可能なのかどうか、それはとても難しい問題です。しかし、グリーンはその難問を回避するかのように、人間を超経験的存在となし、人間を「利他的行為ができる存在」に仕立て上げたのでした。グリーン倫理学の目的は「人格の実現」でした。しかし、「人格の実現」といっても、それは国家・社会から離れて実現されるのではなく、「共同善」として現われてくる国家・社会においてはじめて実現されるものでした。

ただ、稲盛はグリーンがおこなった右のような操作をすることもなく、人間には利他的行為が可能であることを前提に、彼の哲学を仕立て上げていきました。稲盛にとって、「利他の心」は人間学的前提であったのです。

2 利他の心
——西田幾多郎の場合

（1）直覚説批判

いましがた、稲盛は「人間には利他的行為が可能であることを前提にしていた」と述べました。稲盛にとっては、そのことは議論の余地なき明々白々たる人間の事実であったのです。西田はそのような自明の前提をもつ倫理学説を『善の研究』においては、「直覚説」と呼んで批判していました。西田によりますと、「ある直接自明なる行為の法則があるというのが直覚説の生命」（『善の研究』一二二頁）であります。しかし、実際にそれほど自明な法則などありえないと、西田は疑うのです。江戸の時代には武士の根本道徳として「忠」や「孝」が説かれましたが、何が真の忠孝であるかがかならずしも明白ではなかったと、西田はいいます（同上、一二四頁参照）。したがって、西田の直覚説に対する評価は「[直覚説のような]混雑せる原理をもって学説を設立する能わざることは明らか」（同上、一二五頁）ということになるのです。西田は直覚説をたんなる「主観的恣意」に基づくものと考え、そのようなものを学問の原理にしてはいけないと、語っているのです。西田が存命なら、こうした立場から西田は稲盛フィロソフィをさぞや厳しく非難したことでしょう。ただし、稲盛においては「利他性」は「学説」のような高尚なものではなく、素朴な生活上の実感であったように思われます。

(2) 利己的快楽説批判

西田は右のように直覚説を批判しますが、たとえば「快楽の満足」などは人間の行為がそれを目的にする「自明な法則」なのではないでしょうか。西田もそれを「自明の真理」(同上、一三三頁)として認め、快楽説を『善の研究』で論じています。西田は快楽説を二つに分けています。一つは自己の快楽だけを唯一の目的とする利己的快楽説であり、もう一つは社会公衆の快楽を最上の善と考える「公衆的利己主義」です。後者を西田は「功利教」(同上、一三六頁)とも呼んでいます。

まずは「利己的快楽説」から始めましょう。利己的快楽説とは、自利主義のことです。西田はこの説の代表者をキュレネ派のアリスティッポスに見ています。西田によると、アリスティッポスは、肉体的快楽だけでなく精神的快楽のあることも認めましたが、両者の快楽に質的差異を認めませんでした。もちろん、快楽説では快楽の量が大きくなればなるほど、善になると考えられていました。また、アリスティッポスは快楽を「持続」的なものではなく、「瞬間」的なものと考えました。これをもって西田はアリスティッポスを「純粋なる快楽説の代表者」(同上、一三五頁)とみなしています。

西田はこの説の代表者として、エピクロスも挙げています。そして、アリスティッポスとエピクロスの違いを、後者が瞬間的快楽より永続的な快楽を重んじ、前者が求めた積極的快楽ではなく、「消極的快楽」つまり「苦悩なき状態」(同上)を好んだ点に見ています。とはいえ、エピクロスのよって立つところは、アリスティッポスと同様の自利主義であり、この立場にあっては社会的なるものはあくまでも自利のために求められるものでしかなかったのです。このような自利主義にあっては、国家あっての私ではなく、国家は私の幸福のために要請される幸福の手段でしかなかったのです。西田は自利主義がもっ一つの極端をエピクロスに見ていますが、エピクロスにとっては自分以外のいかなるものも、たとえば家族ですら煩わしきものでした。西田は自利主義の極端としてこうしたエピクロスのような「隠遁主義」があることを鋭く洞察していたのです。

(3) 公衆的快楽説批判

次に「公衆的快楽説」へ進みましょう。西田はこの説の代表者としてベンサムを挙げ、この説の主張を「最大多数の最大幸福」という有名な標語のなかに見ています。周知のように、ベンサムは快楽を「量」として科学的に計算できるものと考え、快楽の量によって善を評価しました。西田はこのようなベンサムの考えに不服ではあったようです。しかし、もっとも西田が問題にしたのは、なぜ個人の快楽ではなく、「最大多数の最大幸福」が指示している他者の幸福を含む社会の幸福が「最上の善」でなければならないかという問題でした。当然の疑問だと思います。西田はミルの「同情」などを取り上げ、「最大多数の最大幸福」にそれなりの理解を示してはいます。しかしその上で、次のようなきわめて意味のある疑問を発しています。

> もし自己の快楽と他人の快楽と相衝突した場合は如何。快楽説の立脚地よりしては、それでも自己の快楽を棄てて他人の快楽を求めねばならぬということができるであろうか。(同上、一三七頁)

ベンサムもミルも楽観的に自利と利他の一致を信じていますが、それは信仰のようなもので、経験的にはいささかも証明できるものではないと、西田は批判しているのです（同上参照。西田が功利主義を功利教と呼ぶのはこのような理由からです。その基には、アダム・スミス以来のオプティミズムがあると考えることもできます）。

しかし、戦時中の日本の国家主義者たちはこの二律背反をいとも簡単に論理化し、正当化していました。私は旧著『過剰な理想』においても『田邊元の政治哲学』においても、森瀧市郎や田邊元の仕事のなかにある、そうした論理化・正当化について批判的に論じておきました。森瀧市郎は、戦後は広島大学文学部教授を務めつつ広島平和運動の指導者として、原水禁運動を牽引した人です。しかし、先に第6章**2**で論じておいたように、戦前は広島高等師範学校の教授として国体思想を講じていました。その当時、森瀧は自分の国体思想を完成するために、先述した以下のような問いを発していました。「全体の幸福のために我が一身の自利幸福を犠牲とすることが余にとって正しきことである所以をあくまでも洞見しなければ止まれぬのである」。イギリス功利主義哲学の専門家でもある森瀧は、功利主義的に自利と利他の一致をめざしているのです。森瀧は利他（他者、社会、国家）のために自己を棄てることが、究極の「自利」であるという「どんでん返し」の論理を捏造して、みずから提出した宿題に答えを与えました。究極の利他とは自分の命を捧げる（犠牲にする）ことですが、その行為が究極の自利になるという数式を捏造して、人間はどこまでも自利を求めるという功利主義の論理に従って参戦や特攻を功利主義的に正当化したのです（『過剰な理想』六九－七九頁参照）。その捏造は、若者たちにお国のために「命」を投げ出すこと、それをオブラートに包んで表現すると「無」になることを正義として要求したのです。

これまで幾度も、グリーンが人心（グリーンにあっては「理性」も同義）を現象界（グリーンにあっては「物質界」）に所属しない存在として理想化したことを述べました。その理由として、グリーンには人間が現象界に所属し因果法則に拘束される存在であることを認めてしまえば、人間は快楽志向を越えることができないという考えがあることを指摘しておきました。つまり、快楽志向こそ人心であると認めてしまえば、快楽志向を超えるためには、自利を否定し究極の利他をおこなうことが自利実現となるような、森瀧流の「どんでん返し」の方法しかないことを、グリーンは理解していたのかもしれません。このような功利主義の「罠」から抜け出るためには、グリーンは功利性とは異なる原理が人性には存在しているということを認める必要があったのではないでしょうか。中島はグリーンが「人心の発動を物質以外に置こうと力めた点は倫理学上必要の点である」（『中島』一一三頁）と評価していました。

森瀧は全体のために個を否定できる人間を、なんと「理性的自利主義者」と呼び始めます。少し自虐的なところもありますが、的を得た表現ではないかと思います。ハロルド・ラスキはこのような「どんでん返し」の先駆者をヘーゲル哲学のうちに見ていました。ヘーゲルの「自己否定」は、人間性を高める（止揚する）ための必要欠くべからざる働きであり、ヘーゲルはそこにこそ人間的「自由」が存在すると考えていました。しかしながら、ラスキはこれ以後「自由」の意味が変質してしまったと、ヘーゲルによるこうした「どんでん返し」を批判しました（『田邊元の政治哲学』第七章第二節参照）。もちろん、多くのヘーゲル研究者は森瀧のいう自己否定とヘーゲルのそれとは違うと異議申し立てをおこなうでしょう。ヘーゲルの Aufheben（廃棄する）には「保存する」という意味もありますから、ヘーゲルの自己否定は森瀧のそれとは異なるところもあります。しかし、歴史を見通すラスキの慧眼は、ヘーゲルこそ自由を自己否定のうちに見る最初の哲学者として位置づけたのです。
それでは次に進みましょう。西田はこうした森瀧のような「どんでん返し」を認めるのでしょうか。それについては、西田はいかにも慎重であるように見えます。しかしながら、西田は人間には「犠牲的行為」がつきものであると語っています。

人間には利己的快楽の外に、高尚なる他愛的または理想的の欲求のあることは許さねばなるまい。例えば、己の欲を抑えても、愛するものには与えたいとか、自己の身を失っても理想を実行せねばならぬというような考えは誰の胸裏にも多少は潜みおるのである。時あってこれらの動機が非常なる力を現わし来り、人をして思わず悲惨なる犠牲的行為を敢えてせしむることも少なくない。(「善の研究」一三九頁)

西田は引用文では人間の自己犠牲的行為を認めています。しかしながら、その前提は功利主義ではありません。功利主義は諸個人の快苦の感情を出発点として、快楽の獲得をめざします。功利主義にとっては、快楽の獲得が善であり、正義であります。しかし、西田は功利性とは異なる別の原理、すなわち「快苦」ではなく「高尚なる他愛的または理想的の欲求」の原理があることを「許さねばならない」と、引用文で語っています。西田は、人間には功利の原理とはまったく異なる別の原理があることを是認しているのです。ミルは快苦の原理だけでは不十分であるとして、“sense of dignity”を付け加え功利主義に修正を加えました。しかし、それは付け加えただけであって、功利性とはまったく別の原理としてそれを設定したのではなかったのです。西田は「高尚なる他愛的または理想的の欲求」の原理を「多少に」という限定づきながら功利性の原理とは別のものとして立て、それに対置しているのです。

こうしてこのように対置することによって、「高尚なる他愛的または理想的の欲求」の原理は、森瀧理論のように功利主義に基づく「どんでん返し」の自己犠牲的行為を承認する原理として働くことはありません。むしろ「他愛的または理想的の欲求」は功利主義とは別の原理として立てられることによって、「悲惨な自己犠牲的行為」の歯止めとしても働く可能性があるのではないかと、私は考えます。西田は「自愛的欲求」(自利)と「他愛的欲求」(利他)を、人間の内なる別の原理として立てることによって、「どんでん返しの自己犠牲的行為」に慎重な立場を手に入れたのではないでしょうか。西田が「高尚なる他愛的または理想的の欲求」の原理を功利性の原理とは別のものとして立て、功利性の原理に対置した志にグリーンの影響を見ることもできるのです。私はこの点に、西田幾多郎が田邊元より戦争責任の度合いが低い原因があるような気がしています。

西田は快楽説を論じる最後の場面で、快楽説は「正確なる客観的標準を与うることができず、かつ道徳的善の命令的要素を説明することはできない」(同上、一四一頁)と述べています。ミルが為したような"sense of dignity"の暫定的な付加導入では、「道徳的善の命令的要素」の正当性を説明することはできないのです。というのも、道徳的命令が正当であるためには、それは快楽説とはまったく異なる原理でなければならなかったからです。また、西田にとって、この原理は快楽説とは異なるばかりでなく、それより上位の原理でなければならなかったのです。西田にあっては、実際に人性には快楽志向とはまったく異なる道徳性が存在すべきでした。西田は快楽だけを志向する人がいたとしたら、その人は

「反って人性に悖《もと》った人である」（同上）と断言しています。功利主義が快楽説とはまったく別の原理を認めるなら、森瀧のような自己廃棄を究極の自利とみなす危険きわまりない哲学は出現しないでしょう。このような功利主義批判のなかに、すでに西田自身の倫理説が色濃くにじみ出ていると思われます。

ただし、西田の場合たしかに「高尚なる他愛的または理想的の欲求」（利他的）を「快楽の欲求」（自利的）とはまったく異なる原理として立てますが、それも「結合の強度が強迫的なる場合」（たとえば戦時中の日本）には、むしろ「高尚なる他愛的または理想的の欲求」のほうが時代の要求に即応していく傾向が強くなる可能性があります。しかし、西田が時代の要求に簡単に即応していかなかったのは、彼にとって「政治的なるもの」が「愈《いよいよ》つまらぬ様《さま》なり」であって、政治的現実に対して積極的に関わることがなかったからではないかと思います。西田自身の哲学観からして、厳しい現実への直接的・現実的関わりは必要なかったのです。こうした事情から、政治哲学的な関心の薄かった西田は、みずから戦争に積極的に関与することも、またそうしたことを学生に勧めることもなかったのではないでしょうか。

ここで西田の後継者でありながら、西田哲学批判の急先鋒であった田邊元に少しだけ触れておきたいと思います。政治哲学の重要性に気づき、西田と異なる道を進んだ田邊は、『歴史的現実』（昭和十五年）で大東亜戦争の正当性を証明し、正義の戦争を勝ち抜くために積極的に戦争に参加するよう、講演を通じても学生に檄を飛ばしました（「田邊元の政治哲学」第二章参照）。そのような講演の土台となったのは、マルクス主義に影響された田邊のヘーゲル哲学研究でした。田邊のヘーゲル哲学研究は「ヘーゲル哲学と絶対弁証法」という論文で完成しますが、その精緻すぎる論文はここでは取り上げません。興味のある方はぜひ拙著『愈つまらぬ様なり』の第三部を参照してください。

11 稲盛フィロソフィの根本

利他の心（2）

1　利他の心 ――稲盛和夫の場合

「利他の心」については本書でもたびたび言及してきました。これからはいよいよ、稲盛自身の語る「利他の心」とはいかなるものであるかをメインテーマとして論じていきたいと思います。

まず、先取りして結論から述べます。実はこれまでも折に触れて言及してはきたのですが、稲盛は人間には「利他の心」が先天的に備わっていると確信しています。「先天的」というのは、ここでは「生まれつき」と理解しておいてください。全世界を支配している「宇宙の心」（「心」一八七頁）が人間に宿ったものこそ「利他の心」なのです。それを稲盛は「真我」と呼んでもいます。ついでに少し付け加えておきますが、稲盛は「自我」という言葉を「真我」に対する言葉として使用する場合があります。本来、「自我」という言葉は、善悪無記の言葉でありますが、「真我」と対立的に使用される場合は、「自利・欲望の源」という意味で使われています。珍しい使い方だと思います（同上、八一頁参照）。

そういうところもありますが、稲盛の「宇宙の心」と「利他の心」の関係は、グリーンの「世界理性」と「人間理性」との関係、西田の「大覚識」と「覚識」との関係に相当するものと考えることができます。ただ、グリーンや西田はそれらの関係を詳細に論じますし、「人間理性」や「覚識」についても詳細に展開してみせます。本書においてもその一端を第3章から第6章までで論じています。しかし、より詳細な展開は拙著『田邊元の政治哲学』や『愈《いよいよ》つまらぬ様《さま》なり』にあります。詳細を知りたい方はそちらを読んでいただけたらと思います。ただ、本書は主として「稲盛フィロソフィとは何か」を論じることが目的ですから、グリーンや西田についてはこのくらいにしておきたいと思います。もちろん稲盛は、グリーンや西田のように哲学的に「利他の心」のさまざまな問題を論じるというようなことはありません。稲盛はただただ「利他の心」のあることを、自分の心の「事実」として確信しているのです。その確信はいわば、「信仰」と呼んでもいいかもしれません。

しかしながら、古代ギリシアの時代から、ソクラテスに反対するソフィストたち、たとえばトラシュマコスなどは人間の内にあるのは「利他の心」ではなく、「自利の心」であることを断固として主張していました。哲学史家アレクサンドル・コイレはトラシュマコスの心情を次のように述べています。

トラシュマコスにとって我慢のならないものは、ソクラテスの、知識の尊重・道徳の尊重という蒲《かま》魚《とと》ふうのその考え方であった。正義、徳等々、これらはすべて単なる言葉、欺瞞的な言葉にすぎない。現実の生活には、強者と弱者、主人と奴隷、治める者と治められる者が存在するだけだ。ここにこそ真理がある。他はいっさいたわごとにすぎない。（アレクサンドル・コイレ『プラトン』川田殖訳、みすず書房、一九七八年六刷、一二七頁）

トラシュマコスのこの心情には、たしかに一面の真実があります。西洋哲学史はある意味、「利他の心」派と「自利の心」派との果てしのない争いといっても過言ではないのです。たとえば、フィヒテの『知識学の第一序論』に「人の如何なる哲学を選ぶかは、その人の如何なる人間なるかに依存する」という有名な言葉があります。この言葉を田邊元は次のように解釈しています。すなわち、「自我の自由を信じて道徳の自主性を守る」観念論を選ぶのか、それとも「物質の束縛に甘んじて宿命論に満足する」実在論を選ぶのか、その選択によってその人がいかなる人であるかが決定される、と解釈しています。きわめて妥当な解釈だと思います。もちろん、前者が「利他の心」の基盤を形成し、後者が「自利の心」の基礎にある思想です（「愈つまらぬ様なり」二八三頁参照）。前者はソクラテスに通じ、後者はトラシュマコスに通じています。稲盛は前者を人間の真実として断固として確信しているのです。

さて、これまで論じてきたグリーンの「人間理性」も西田の「覚識」もさまざまな様相をもっています。たとえば、グリーンの「人間理性」は理性といってもとても広い概念で感情なども含んでいました。また、西田の「覚識」は意志の活動的側面を色濃くもっている概念でした。とはいえ、グリーンの「人間理性」も西田の「覚識」もその根底にある「絶対的なもの」の現われとして、きわめて高い「道徳的働き」でした。その点では、稲盛の「利他の心」もまったく同じ構造と同じ働きをもっています。それではそろそろ、稲盛が「利他の心」をどのように論じ、そして実際にどのように生きたのかを、主として稲盛自身の記述に従って具体的に見ていきましょう。

2 「利他の心」の四つの事例

稲盛の諸事業における成功は、稲盛が彼なりのしっかりした哲学的基盤をもっていたからだと、私は考えています。もちろん、哲学的基盤とは「利他の心」で生きるということです。しかしながら、「利他の心」で、この現実の修羅場を生ききることはとても難しいことです。稲盛は「利他の心」をときに「愛の心」と言い換えることもありますが、稲盛自身がその難しさを「実際には、私自身も含めて、「愛の心など」持てやしないのです」（『京セラ』五六頁）と、本音を吐露しています。そして「私自身、偉そうなことを言っていますけれども（中略）自分自身の心を浄めようとしているのです」（同上、五七頁）と続きます。稲盛は自分自身の至らなさを白状しつつ、それでも「愛の心」で生きようと日々努力していたようです。

現実世界を「利他の心」で生きることは、稲盛の心情吐露を聞くまでもなく、とてつもなく難しいことです。「利他の心で生きる」とは「利他の心を判断基準にする」ということですが、稲盛はそれをより具体化して「自分自身を犠牲にしてでも、相手のためになることをしようと思う心、それが利他の心だ」（同上、一一九－一二〇頁）と言い切っています。生き馬の目を抜くような現実のなかで、しかも稲盛の場合損得が激しくぶつかる企業経営において、自分の要求を引っ込め、相手の要求を受け容れるわけですから、容易なことではありません。しかし、稲盛自身もそして稲盛の評伝も、稲盛が現実の場で「利他の心で相手のために譲る」働きを選択してきたことを、稲盛の事業における成功と結びつけて論じています。稲盛は数々の場面で、「利他の心」を発揮してきたようですが、ここでは四つの大きな事例を取り上げておきます。

①京セラグローバル戦略のなかの「利他の心」

稲盛がいたるところで語っていることではありますが、稲盛にとって会社経営は立派な「利他行」でした。稲盛は「生き方」のなかで「会社を経営するという行為をとってみても、すでにそれだけでおのずと世のため、人のためになる利他行を含んでいるのです」（一八〇頁）と語っています。会社を経営するということは、まずそこで働く従業員およびその家族の生活を支えるという利他行なのです。また、企業はその製品を提供することによって、世の人びとの生活を豊かにします。これもまた立派な利他行であります。会社経営の目的を「全従業員の物心両面の幸福を追求する」ことに置いている稲盛の会社経営にとって、「京都セラミック」という企業を大きくし、経営基盤を盤石なものにすることは、「被雇用者の面倒を一生涯みる」＝「全従業員の物心両面の幸福を追求する」という会社経営の目的に則ったものでした。最初の就職先である松風工業を退職し、二十八人で立ち上げた京都セラミックという稲盛の会社は、いくつかの幸運とそれを引き寄せる努力の甲斐もあって、やがて大きな会社へと発展していきます。そのプロセスにおける利他行を、以下で見ていきましょう。

京都セラミックは一九七九年（昭和五十四年）創立二十周年を迎えます。この年は京都セラミックの一大転機になった年でした。というのも、将来の京都セラミック発展の礎となる二つの企業の合併話が舞い込み、やがて合併することになるのです。もともと「電卓」メーカーであった「トライデント社」と、車載用トランシーバーのメーカーであった「サイバネット工業」の二社です。京都セラミックは積極的な企業の合併・買収によって事業を拡大してきた会社だといわれていますが、稲盛自身はみずから主体的に買収に動いたことはないといいます。稲盛の買収は仲介者に依頼されてのものでしたし、その動機は相手方の従業員を救ってあげたいという純粋な思いであったと、稲盛は語っています（『ガキの自叙伝』一七三―一七四頁参照）。稲盛はこの合併行為をはっきりと「利他の行為」（同上、一六九頁）と呼んでいます。ただ、サイバネット工業との合併においては、一緒についてきた三十名ほどからなる過激な労働組合に手を焼いたようです（北康利『思い邪《よこしま》なし――京セラ創業者稲盛和夫』二〇二二年三刷、三〇九頁、以後「北」と略記）。京都賞授賞式会場の外で、JAL労組の「稲盛反対デモ」を目撃したことを友人から直接聞いている私としては、稲盛と労組との関係にも興味をもっていますが、そちらは労組関係を研究している研究者の研究を勉強したいと思っています。

いずれにしろ、この合併によって京都セラミックは電子機器分野へ参入するための技術的基盤を手に入れることになりました。京都セラミックはさらに合併を重ね、一九八二年にはついに社名を「京セラ」に変更することになります。これ以降京セラは画期的な新商品を生み出していきます。それら新商品誕生の基になった技術は、サイバネット工業のものでした。とりわけ、情報機器分野でのノンカートリッジタイプの「エコシス」プリンタは、感光ドラムの交換が必要ないので環境に優しいプリンタとして普及したようです。稲盛が苦労しながら吸収合併した（助けた）サイバネット工業の技術が、回りまわって京セラの利益を生み出している状態を、稲盛は「情けは人のためならず」（「ガキの自叙伝」一七〇頁）と語っています。稲盛の「利他の心」には、いつも「情けは人のためならず」が随伴しています。この現実的・実利的である点において、稲盛の「利他の心」は経済的説得力をもつのです。

京セラは次の飛躍へと進みます。それは「ヤシカ」合併です。ヤシカはよく知られた高級カメラメーカーでした。コンタックスというブランド名で一世を風靡《ふうび》しました。しかし、創業家のスキャンダルが発覚したり、幹部の巨額の使い込み、さらには粉飾決算が暴露されたりして窮地に陥りました（「北」三〇九頁参照）。稲盛は旧知の方からヤシカの社長を紹介され、この社長に救済を懇願されます。稲盛はいったんは断わったそうですが、ヤシカの工場を見学し、研究室や現場の社員の真面目さと優秀さを目の当たりにすることになり、こうした社員は救済されなければならないと思い直し、ヤシカの合併再建を決断します。結局、ヤシカとの合併は京セラのＯＡ分野や産業用ロボットへの進出を可能にすることとなります（「ガキの自叙伝」一七〇－一七四頁参照）。合併から二十年後、ヤシカの技術がこのように京セラの製品のなかで生かされ京セラの事業に貢献している事態を見て、稲盛はヤシカの合併救済を、やっぱり「情けは人のためならず」だと確信したのだと思います。「利他の心」、つまり「かけた情け」は結局、自分へのご褒美つまり利益として返ってくるのです。こうして「利他の心」の勧めは、大きな経済的説得力をますます獲得することになっていきます。いずれにせよ、これで京セラの世界進出への基盤が整いました。

平成の時代（一九八九年）に入り、京セラはグローバル戦略を加速度的に進めていきます。京セラは世界的な総合電子部品メーカーをめざし、まず手始めに電子機器用コネクタメーカーだったアメリカのエルコグループを買収し、傘下に収めます。次に、稲盛はアメリカを代表する電子部品メーカーＡＶＸ社を傘下に収めようと動き出します。ＡＶＸ社との下交渉の結果、稲盛は京セラのＡＶＸ社買収を「両社の株式交換による合併」という形で進めることにしました。しかし、株式交換が実際に成立するまでが難渋することになりました。当初ニューヨーク証券取引所で二十ドル前後であったＡＶＸ社の株式を五〇パーセント増しの三十ドルで評価し、京セラ株（当時八十二ドル）と交換することになっていました。しかし、その後ＡＶＸ社社長からＡＶＸ株を三十二ドルに評価替えしてほしいとの要求が出されます。稲盛はその思いもよらぬ強欲な要求にも、なんと企業内の大多数の反対を押し切って応じます。それで事が進むかと思いきや、一九八九年十二月の京セラ株下落（八十二ドルから七十二ドルへ）を受けて、ＡＶＸ社は「七十二ドル対三十二ドル」への交換比率の変更を要求してきます。この要求提案にはさすがの稲盛も「あきれた」ようです。というのも、この京セラ株下落は決して京セラ株の評価が下がったのではなくダウ平均の下落に連動しているだけだったのですから。それでも稲盛はしたたかにその比率での交換で採算が合うかどうかを検討し、「どうにかなる」ということでこの再要求に応じます。私たちはここに稲盛の「したたかさ」を見ることができます。かくして京セラはＡＶＸ社の買収に成功しました。この買収によって、ＡＶＸ社は売り上げが四倍、利益が十二倍となり、やがてニューヨーク証券取引所に再上場を果たします（同上、一九九－二〇三頁参照）。稲盛は『ガキの自叙伝』のこの項目にだけ「利他の心で」というタイトルを冠しています。このＡＶＸ社買収の成功の要因こそ「利他の心」

だったのです。

稲盛の「利他の心」が発揮された典型的な実例は、AVX社買収の十七年前の一九七二年にまでさかのぼります。この頃京セラは、大容量のセラミックコンデンサ技術を、アメリカのエアロボックス社から導入します。そのとき京セラは、エアロボックス社の「積層セラミックコンデンサ技術」を、日本国内で製造から販売まで独占的に使用できるライセンス契約を結びます。しかし、二年後エアロボックス社は二社に分割されます。その一社が先述したことではありますが、後年京セラが合併することになるAVX社でした。そのAVX社がこともあろうに、京セラの日本国内での独占契約がアンフェアであり、自分たちも日本国内で積層セラミックコンデンサ技術によって製造した製品を販売したいと、強く要求してきたのです。そのとき稲盛は、エアロボックス社と結んだ契約はまったく正当なものであったにもかかわらず、独占販売権の項目削除に同意したのです。この予期せぬ回答にAVX社は大きな感銘を受けたようです。その結果、AVX社と京セラの間には目に見えぬ信頼関係が生まれていました。この間の出来事を稲盛は以下のようにまとめています。

有利な条件を放棄し、一見損するような決断をした結果、京セラとAVX社との間には目に見えない信頼関係が築かれた。「情けは人のためならず」という言葉のとおり、これが十五年後に合併の話が持ち上がった時、友好的な雰囲気でまとまる素地となっていたのである。（同上、二〇四頁）

そして稲盛はこの成功譚を「すべては利他の心がもたらした、予期せぬ成果だった」（同上）と謳い上げています。ここでもまた、私たちは稲盛が「利他の心」を「かけた情け」と同義的に使用していることを確認できます。

②電気通信事業への参入における「利他の心」

一九八二年（昭和五十七年）第二次臨時行政調査会は三公社（国鉄、専売公社、電電公社）の民営化を答申しました。この後、この答申は政府によって徐々に現実化されていきます。電気通信事業においては、電電公社が民営化され、ＮＴＴとなりました。民営化されるということは、電気通信事業が独占から競争の時代に突入することを意味しています。つねづね日本の電話料金の高さを不審に思っていた稲盛に、生来のベンチャー精神も相まって、民営化に割って入ろうかという意志が芽生えました。そのとき稲盛はハタと立ち止まり、「動機善なりや、私心なかりしか」と問い続けます。稲盛の問いはこうです。

おまえが電気通信事業に乗り出そうとするのは、ほんとうに国民のためを思ってのことか。会社や自分の利益を計ろうとする私心がそこに混じっていないか。あるいは世間からよく見られたいというスタンドプレーではないか。その動機は一点の曇りもない純粋なものか。（『生き方』一八三—一八四頁）

稲盛は「私心なかりしか」という問いを「思い邪《よこしま》なしか」ともよく言い換えていますが、それは要するに「自分のなかにこのチャンスをつかんで儲けたいとか、人にほめられたいという野心」＝「邪な心」がないかと自問することです。問いに問いを重ねた稲盛は、動機に「一点の曇りもない」と思い切ったのでしょうか、ついに電気通信事業に乗り出していくことになります。ここで「一点の曇りもない」というのは、「私は自分が儲けたいのではなく、高い電話料金を払っている国民の負担をただただ減らしたいという利他の心で新しい事業に乗り出すのだ」という意味になります。

稲盛は通信自由化の波に乗って、電気通信事業に乗り出すことを京セラ取締役会にかけ、了承されます。一九八三年（昭和五十八年）のことです。この決断と行動は「無謀な挑戦」（『ガキの自叙伝』一八三頁）といわれました。電電公社は民営化当時、売り上げ四兆円以上、社員三十三万人、対する京セラは売り上げ二千二百億円、社員一万千人、規模がまったく違います。それでも稲盛は挑戦したのです。ただ、稲盛はいつでも「したたか」です。なにごともやみくもに進めるようなことはしません。歴史上、密会で有名な鹿ヶ谷《ししがたに》にあった京セラのゲストハウスで電電公社の技術者を交えて新たな挑戦のための勉強会を密かに続けていました。これらの地道な活動が稲盛の決断の基礎にあったのです。

稲盛は一九八四年六月に第二電電企画を設立し、電気通信事業に乗り出すことを表明しました。しかし、その年の秋になって日本テレコム（国鉄系）と日本高速通信（日本道路公団・トヨタ系）が新たに通信事業に名乗りを上げてきました。両者は強力です。前者は新幹線網を使って光ファイバーを敷設できますし、後者は高速道路の中央分離帯を使って光ファイバーを敷設できます。第二電電にはそのような基盤となるものがありません。それでも一九八五年には第二電電（ＤＤＩ）にも第一種電気通信事業の許可が下りました。でも、許可が下りたからといって、ＤＤＩに独自の通信回線があるわけではありません。通信回線ルートを敷いていかなければなりません。ところが運よく、ＤＤＩは電電公社総裁の手助け（？）で無線ルートの情報を手に入れ、東京、大阪間に八か所の中継基地を敷設することになりました。この難事業をＤＤＩは二年四か月で完成させました。この事業のなかで、伊吹山の基地局建設がもっとも困難をきわめたようです。この難事業を現場で担ったのは、京セラに入社したばかりでＤＤＩに出向した若者を含む若者たちでした。この若者たちの活躍は美談として、おそらく社内報では大々的に取り上げられているのだと思います。多分、稲盛がかなり手厚いサポートをしたのでしょうが、体を壊したり、精神を病んだりした若者もいたのではないでしょうか。こうしたチャレンジとそれへの称賛の影には、かならず過酷な労働とそれなりの犠牲を伴っているものです。でも、それが仕事というものなのでしょう。ＮＨＫのテレビ番組「プロジェクトＸ」の世界を見る思いがします。

さて、やっとのこと無線ルートを完成させたからといって、企業内通信の専用サービスでは他の新電電に太刀打ちできるわけがありません。そこでＤＤＩは市外電話の領域で勝負することになりました。記憶に新しい（００７７）は、このときＤＤＩに割り当てられたＤＤＩ回線を使用するときの専用の市外局番でした。しかし、いちいち００７７を押すのは結構面倒くさいので、ＤＤＩは低料金の電話会社を自動的に選択してくれるアダプタを開発するなど回線獲得に邁進します。その結果、ＤＤＩは新電電三社の中でトップの回線契約数を獲得しました。

しかしながら、通信自由化は加速度的に進み、携帯電話の時代になってきます。早くからこのときが来るのを予期していた稲盛は、「ぶどうの房構想」（『ガキの自叙伝』一九七頁）という、ＮＴＴの加入電話に依存することなく長距離からローカルまで一気通貫できる通信ネットワークの形成をめざします。しかしまたも、そこに難題が降りかかります。ＤＤＩに続いて日本高速通信が携帯電話事業に参入を表明したのです。周波数帯の制約から、ＮＴＴ以外では一地域一社しか営業できないことが判明します。このとき、誰もがのどから手の出るほど欲しがっていたドル箱の首都圏と中部圏を、すったもんだの末ではありますが、稲盛は日本高速通信に譲ります。残った市場は日本高速通信の半分の市場でしかありませんでした。私はこの「譲る」行為を稲盛流の「利他の心」のなせる業だと思っています。この譲ったことを稲盛は多くの人から非難されます。しかし、稲盛の気持ちは「負けて勝つ」（同上、一九八頁）でした。まさしく、稲盛流「利他の心」の真髄はここにあります。

ＤＤＩはその後、ＰＨＳ事業に手を伸ばしたりしますが、一貫して増収増益を続け、一九九三年には東証二部上場、さらに一九九五年には東証一部上場を果たしました。もちろん、経営的な躓きもなかったわけではありませんが、二〇〇〇年十月にＫＤＤＩが誕生します。稲盛の「ガキの自叙伝」によりますと、分離分割による実質的な民営化がなかなか進まないＮＴＴに対して、存続会社としてのＤＤＩを中核にし、ＩＤＯ（日本移動通信）とＫＤＤ（国際電信電話）が大同団結することになるのです。これでＫＤＤＩは国内二位、世界でも十指に入る総合電機通信会社になりました（同上、二四四―二四九頁参照）。稲盛はこの大合併を見届けて、取締役名誉会長を退き最高顧問に就任しました。

ここでＫＤＤＩを離れて、また京セラに戻ります。京セラはＫＤＤＩ大合併の二年前、京都市伏見区に黒川紀章氏設計の新社屋を建設するなど順風満々です。稲盛はそのころ、関西の有名企業であった三田工業から支援を求められます。稲盛の支援によって、三田工業は「京セラミタ」として見事に生まれ変わりますが、その再生の陣頭指揮をとった人が、かつて稲盛が救済したサイバネット工業の出身者でした。その彼がある会合で、かつて京セラに救われた自分が今は京セラ幹部として三田工業を救う立場になっていることを涙ながらに切々と訴えたことがあったそうです。稲盛はこの情景を描写しながら、「情けは人のためならず」と語っています。救い救われるこの世の有様を稲盛は「情けは人のためならず」と語っているのだと思います。稲盛の企業経営の目的・理念は「全従業員の物心両面の幸福を追求する」ですが、この理念を根本から支えている「利他の心」が世の中を駆け巡っている姿を、稲盛は「情けは人のためならず」と形容しているのだと思います。

右の「利他の心」①および②については、おおむね稲盛和夫『ガキの自叙伝』を参照させていただきました。また、KDDI創設については大分簡略化しましたが、もっと補いたい方は「北」の第四章後半も参考にしていただければと思います。

③「利他の心」――京都賞創設

稲盛自身が「利他の心」の実例として積極的に語っていることではないですが、稲盛のすぐれた評伝を書いている北康利は、「京都賞」創設と児童養護施設・乳児院「京都大和《だいわ》の家」の創設を「利他の心」の見本として挙げています（「北」五一〇頁以下参照）。以下では、この二つの事例について見ていきましょう。

まず時系列に従って、京都賞創設から見ていきましょう。北は京都賞の創設こそ、まさしく稲盛フィロソフィの根本にある「利他の心」が具現化されたものと考えています。また、北は京都賞創設のきっかけになった稲盛の思想を稲盛自身がよく語る「財を散ずるに道あり」（「北」五一一頁）のなかに見ています。大財閥であった住友家には「君子、財を愛す。これを取るに道あり」という家訓がありますが、稲盛はこの家訓を稲盛流に「利を求むるに道あり」と読み替えています。そしてさらに利を求めた結果得られた利益についても「利を散ずるに道あり」と付け加えています（『ガキの自叙伝』二三二頁参照）。

もちろん、「財を散ずるに道あり」と「利を散ずるに道あり」とは、まったく同じ意味です。儲けるにも、儲け方があります。儲けるために、人の道を踏み外してはいけません。ビッグモーターのように公共のものである街路樹を枯らしてまで儲けようとしてはいけないのです。それと同じように、儲けや利益をどう使うかも、とても大事なことです。使い方にも道があり、人の道を外れてはいけないのです。

同じことを一五〇年も前に渋沢栄一が『論語と算盤』で語っています。渋沢の場合、人の道とは、「論語」で語られる孔子の「仁」の教えです。稲盛の場合、人の道とは自分自身のなかにある道徳性、すなわち「利他の心」に従うことです。孔子の仁は「孝」や「悌」として現われます。「孝」とは親孝行の孝です。「悌」とは目上の人に対する尊敬の心です。そういう意味では孔子の儒教道徳は家族関係を基に国家社会へと拡がっていきます。稲盛にしろ、渋沢にしろ、道徳なきビジネスはありえないのです。ただ、稲盛の「利他の心」の射程は、明確に全人類に及ぶという構造になっています。そのような「利他の心」を稲盛は「人類愛」とも呼んでいることを、北が報告しています（「北」五一二頁）。

このような人類愛、すなわち「利他の心」を基に、稲盛財団（理事長・稲盛和夫）が一九八四年（昭和五十九年）に設立されました。その財団の主要な事業が「京都賞」です。京都賞の理念をウェブサイトで調べてみると、京都賞創設の理由を稲盛は次のように語っています。

この世に於ける人類の最高の行為は、「人のため、世のために尽す」ということでありますので、今日まで私を育んでくれた人類および世界のためにお返しをしたいということであります。ふたつには、人知れず努力をしている研究者にとって、心から喜べる賞が世の中にあまりに少ないことであります。少なくとも人一倍努力をし、人類の科学、文明、精神的深化の面で著しく貢献をした人を顕彰し、今後その面でのますますの発展の刺激になってくれればという気持ちからであります。

この創設理由のもっとも重要な部分は、人間の最高の行為を「人のため、世のために尽くす行為」と規定している点です。このことから、京都賞の創設が、稲盛フィロソフィの根本である「利他の心」の具現化であることがよくわかります。稲盛は京都賞による研究者顕彰のため、京セラの株と現金で二百億円を拠出しています。京都賞受賞者には、メダルなどの他に副賞として現在は一億円（二〇一七年までは五千万円、この金額については「考え方」二三九－二四〇頁で少し詳しく稲盛が語っています。参照してください）が与えられます。この賞のレベルの高さがどの程度のものかは、受賞者のうち八名がノーベル賞受賞者になっていることからも推測できると思います。

京都賞にこれだけの大金を投じることも驚きですが、それよりびっくりするのが稲盛財団を創設したのが一九八四年（昭和五十九年）で、稲盛がまだ働き盛りの五十二歳であったということです。稲盛の本気度、真剣さが伝わってきます。

当時は彼の事業欲が最も盛んだった時期だが、新事業への進出が蓄財のような私利のためではないことは、同時期に私財を投じて京都賞を設立していることではっきりとわかる。そして、こうした規模の大きな社会貢献が功成り名を遂げた老人だけの役割でないことも、彼は私たちに教えてくれている。（「北」五一二頁）

稲盛財団設立は一九八四年。同じ年に稲盛は、第二電電企画をつくり、新事業に進出しています。その前年にはヤシカを合併していますし、その前の年にはサイバネット工業などを合併し、京都セラミックから京セラへ会社名を変更しています。まさしく脂の乗り切った働き盛りのときに京都賞を創設し、二百億円というとてつもない大金を投じているのです。稲盛の説く言葉に偽りがないことが伝わってきます。北は名優森繁久彌《もりしげひさや》が稲盛の京都賞に対して「何と清々《すがすが》しい金の使い方をするもんだ」という最高の誉め言葉を送ったことを伝えています（同上、五一四頁）。また、京都賞受賞者の多くが巨額の副賞を寄付したり、さまざまな仕方で社会に還元している姿を見て、稲盛はこれを「善の循環」（『考え方』二四〇頁、「ガキの自叙伝」二五二頁）という美しい言葉で表現しています。以上が、経営以外での「利他の心」の最初の具体例です。

④「利他の心」——児童養護施設・乳児院「京都大和の家」の創設

次に進みます。稲盛は二〇〇四年（平成十六年）に京都府相楽郡精華町に児童養護施設・乳児院「京都大和の家」を開設します。北はこの施設も稲盛の「利他の心」が具現化されたものであると考えています。

この件に関しては、まず稲盛の「得度」の話から始めたほうがいいでしょう。得度とは、悟りの境地に至り、剃髪して仏門に入ること、つまり出家することです。稲盛の人生観によると人生八十年、そのうち誕生からの二十年間は社会へ出るための準備期間であり、次の四十年間は「社会のため、自己研さんのため」（『ガキの自叙伝』二五三頁）に働く期間であり、そして最後の二十年が死への準備期間でした。稲盛は当初の予定より五年遅れて六十五歳にして得度します。それは胃がんの手術後の一九九七年（平成九年）九月のことでした。得度とは出家も意味していますが、稲盛は得度を指導した老師の薦めですぐさま還俗します。つまり、還俗し世のため人のために尽くしなさいということです。稲盛のその後の人生は、ＪＡＬ再建や盛和塾による人材の育成に象徴されるように、文字通り世のため人のために尽くした人生でした。

それにしても、稲盛のような人生の勝利者がなぜ得度しなければならなかったのでしょうか。稲盛はどこかでその理由を語っているのかもしれませんが、人間は本当の本当のことはなかなか語りません。語らずに旅立っていくものです。したがって、得度の理由を私が勝手に推理してみようと思います。その理由の一つは、稲盛が生来もっているスピリチュアルな性格です。稲盛は幼少のころから、谷口雅春や中村天風などの宗教家に大いなる親しみを感じていました。そういうパーソナリティが得度の受け皿になったような気がします。

さらにもう一つの理由とは、稲盛のなかに積もり積もった懺悔《ざんげ》の念があったからではないかと思います。稲盛の経営のなかで、意見を異にする人たちとの幾多の対立があり、なるほどそういう人たちとは意見を戦わし説得を試みるけれども、結局分かれていったり、辞めてもらったりした多くの人びとがいて、彼らの怨嗟の声が稲盛を苦しめていたからではないでしょうか。儲けるか損するか、勝つか負けるかの二者択一が支配する修羅の世界で、心ならずも切り捨ててきた多くの人びとの恨みの声と涙が稲盛の頭の中で鳴り響いていたのではないでしょうか。稲盛は富や名誉ではなく、「世のため人のために尽くすことが人間として最高の行為である」と言い続け、それを実践してきました。しかし、そういう自分の理想を貫くことによって、逆に多くの人を苦しめてしまったという懺悔の気持ちが稲盛にはあったのではないでしょうか。そういう意味で、私は稲盛は「救い」を求めていたのではないかと思っています。稲盛が「救い」を求める要因はこれ以外にもあったかもしれません。確定的なことはいえませんが、普通の生活者には得度する必要などありません。得度するには、得度せざるをえぬ原因とそれを受け容れる性格的なものとがなければならないので、そういった問題を少し考えてみました。少しきれいすぎる解釈のような気もしますが。

日本の記紀神話（たとえばイザナギ・イザナミ神話）において、私たちの死後の世界である「黄泉の国」はそれはそれは恐ろしい世界として描かれています。それに対して、日本人にとって現世は不完全ではあっても、けっして悪い世界ではありませんでした。むしろ、日本人は現世を天真爛漫に楽しんでいました。しかし、死は避けて通れるものではありませんでした。死だけはどうすることもできない怖いものでした（本居宣長『改訂版　玉くしげ——美しい国のための提言』〈本居宣長選集一〉山口志義夫訳、多摩通信社、二〇〇七年、九五‐一一三頁参照）。ただし、「永遠の生」など想像することなどできなかった日本人にも、古代より「死なき国」へのあこがれはありました。和辻哲郎によりますと、そういう日本人は「死なき国」への憧憬を仏像に託すという仕方で仏教を導入することになったということです。このような考え方は仏教の理解としては浅薄かもしれませんが、とにもかくにも死後の世界を「保証する」ものとして仏とその像を導入したと和辻は伝えています（『日本精神史研究』岩波書店、昭和四十六年、三九頁参照）。こうして神仏習合という日本的信仰形態の素地ができあがるのですが、稲盛の得度も「死後の世界を保証する」というこの原始的形態においても理解できるのではないかと思います。

なぜ稲盛の得度についてこだわったのかといえば、児童養護施設・乳児院「大和の家」の大和は稲盛の得度後の僧名でもあるからです。現在もそうですが、当時も「児童虐待」のニュースが連日報道されていました。それに心を痛めていた稲盛が決断して作った施設が、児童養護施設・乳児院「大和の家」です。「大和の家」は乳児二十名、児童（十八歳以下）六十名収容の南仏風のとても美しい施設だそうです（「北」五一七頁参照）。稲盛はこの地を探すのにみずから車を運転し、あるいは歩き回って、この地を探り当てました。もちろん、京都賞同様巨額の資金を提供しました。これが「経営以外の利他の心」の二つ目の具現化です。

12 稲盛の「利他の心」についての考察

1 地獄を生きる

「利他の心」は稲盛フィロソフィの根幹を成すもっとも重要な概念です。私たちは前章でその「利他の心」の具体的事例として四つの事例を取り上げました。その四つの事例のうち、①②の「経営」における「利他の心」と、「経営」には直接関わらない③④における「利他の心」とは少し異なっているように思われます。その違いに留意しながら、稲盛の「利他の心」についての理解を深めていこうと思います。

稲盛は『考え方』（二〇一七年）の冒頭で、この本の目標を「一度きりの人生を真に実り豊かで輝かしいものにするために」と設定しています。そしてその第九章で、人生の目標を「世のため、人のために行動すること――自己犠牲をいとわず相手に尽くす」と具体化しています。さらにその第一節で、「利他」について「人間社会をより良い方向に導く利他の心」として論じています。そこで稲盛は、「利他」について次のように述べています。

「情けは人のためならず」と言われるように、優しい思いやりに満ちた心、行動は、相手に善きことをもたらすのみならず、必ず自分に返ってくるものです。（『考え方』二二八頁）

一般に利他的行為とは、先に掲げられていたように「自己犠牲をいとわない」行為と考えられています。その究極の姿を私たちは戦中の特攻隊に見ることができます。そしてそういう行為を正当化する理論が、森瀧市郎の理論のなかにあることをこれまで指摘してきました。これまで論じてきたように功利主義者森瀧は「自利が利他であり、利他が自利となる」ような行為理論を編み出しました。利他（お国のために特攻隊として身を投げ出すこと）が究極の自利となる理論です。利他的行為といえば、こういう暗い悲劇を伴った極端な行為理論を思い起こす人も多いことでしょう。しかし、稲盛が語る利他的行為はそういった行為理論とは少し違います。この点について、以下で考察を深めていきましょう。

稲盛の利他的行為はかならず「情けは人のためならず」という働きを同伴しています。つまり、かけた情けは回りまわって自分へ返ってくるという考えです。とても「健全な」考え方だと思います。前章の具体的事例①と②でその具体例をふんだんに示しておきました。サイバネット社やＡＶＸ社との合併、第二電電を立ち上げて育てていく過程での市場競争での「譲り」などに、私たちは稲盛の利他的行為を見てきました。しかし、それらはたとえ無謀に見えたとしても、そこにはしたたかな計算がありました。稲盛は、経営における損失はカバーできる最小限の範囲にとどめていました。儲けるか損するか、勝つか負けるかの二者択一が支配する「経営」という修羅の世界での営みにおいては、利他的行為といっても当然限界があるはずです。この限界を突き抜けて経営を続けるなら、その企業は破産するしかないでしょう。破産は従業員を路頭に迷わすことであり、稲盛の経営の目的である「全従業員の物心両面の幸福を追求する」ことを逸脱することになります。純粋な利他的行為とは、いかなる「見返り」を期待することも享受することも許されず、ただただ「義」に殉じる行為であると説く輩が日本にも世界にもたくさんいますが、稲盛の利他的行為はこのような主張とは「一線を画している」と考えるべきだと思います。

稲盛は「情けは人のためならず」を語るのに、よく「たらい」の例を使います。

「情けは人のためならず」（中略）は、水の流れに譬えて考えるとわかりやすいと思います。たとえば、相手と自分の間にたらいがあって、水が張ってあるとします。そのたらいの水を相手の方に押しやれば、たらいのなかで大きく波打って、結局は自分の方へ戻ってきます。（同上、二三一－二三二頁）

稲盛があちこちで使っている例です。とてもわかりやすい例だと思います。しかし、利他的行為を説明するのに、これだけでは足りません。利他的行為は、それでもやはり最初から見返りを期待してなされる行為であってはならないのです。もし、最初から見返りを期待して行為がなされるとしたら、それは利他的行為ではなく、むしろ邪悪な黒い自利的行為です。稲盛が計算して利他的行為をしているというとき、稲盛の利他的行為はあたかも「見返り」を前提にしているかのように見えます。しかし稲盛にあっては、行為者自身に「見返り願望」があってはならないのです。では、稲盛が計算というとき、どのような計算を想定しているのでしょうか。稲盛の計算というのは、「相手のためにどの程度損をしてもいいか」、「どの程度譲ったら相手をどの程度助けられるか」という計算だと思います。稲盛が「計算」というときには、難しいことですが、各人のこのレベルへの「心の高まり」を予想しているのです。心が高まり、心が利他の心で満たされたとき、他者のためになされる行為が「善き行為」なのです。そこには当然「見返り」を期待する気持ちは微塵もありません。

先の引用文の後ろに、稲盛は次のように続けています。

それは「自分がしてあげたのだから、相手にも自分に何かしてほしい」というような話ではありません。相手に何かしてあげてそれで相手が喜んでくれた。それ自体で清々しい気持ちになるでしょうし、あなたの誇りにもなるはずです。「相手が喜んでくれた」「相手の役に立つことができた」ということを、自分の最上の喜びとする。そういう精神の水準に到達することができたとき、人間としての本当の幸せを感じることができるはずです。(同上、二三一頁)

私たち人間は他人にいわれなくても、ごく普通に利他行をしています。私たちは家族を養うために働きます。年老いた親には孝行をします。ときには困った友人に手を差し伸べます。人間はもともと世のため人のために何かをしたいという善の気持ちを備えていると稲盛は考えています（『生き方』一七三頁参照）。しかし、儲けるか損するか、勝つか負けるかの二者択一が支配する「経営」という修羅の世界では様相が一変します。こういう世界にあって、なお利他的行為をなすには「精神の水準」を上げなければなりません。以前の記述に従えば、「心を高め」なければなりません。また、相手を見る目を養わなければなりません。ヤシカやAVX社を稲盛が助けたのは、相手との信頼感が基礎としてあったからです。利他的行為といえども、こういう基礎的条件抜きにはおこなえないのです。もし稲盛が生きていてビッグモーターを助けてといわれても、決して助けることはないでしょう。善をおこなうには、悪を知り、悪を見抜く精神の力も必要なのです。

ともあれ、利他的行為という善き行為は、たとえ見返りがなくても、それ自体で精神的満足を与えるものなのです。ただ善き行為をおこなう、それで満足できる、そういう精神性を人びとが身につけることを稲盛は期待しているのです。稲盛によれば、地獄も極楽も違いはありません。違うのはそこに住まう人びとの「精神性」だけです。稲盛はその違いをよく「うどん」の例を引いて説明しています。釜のなかでおいしそうなうどんがぐつぐつ煮えている様子を想像してください。

地獄界に落ちてきた人たちの場合には、みな利己的な心の持ち主ですから、「オレがオレが」と、我先に食べようと、釜のなかにいっせいに物干し竿のような箸を入れて、うどんをすくい上げようとしますが、あまりに箸が長く、うまくつかめません。そのうちに、（中略）うどんを奪おうと争いになり、（中略）だれもうどんを食べることができません。それが地獄の光景です。

一方、極楽では、条件は同じですが、非常になごやかです。みんな優しい思いやりの心の持ち主ばかりですから、自分のことを先に考えるのではなく、自分の長い箸でうどんをつかむと、「お先にどうぞ」と言って、釜の向こう側にいる人に先に食べさせてあげる。すると向こう側の人も「ありがとう。今度はあなたの番です」と言い、同じように食べさせてくれます。だから、物干し竿のような箸を使っても、お互いに感謝を述べあいながら、和気あいあいと食べることができます。

（『考え方』二三二—二三三頁）

このうどんの例は、『生き方』のなかでも語られています（一七六—一七七頁）。稲盛がよく使う譬えです。地獄も極楽も条件は同じ、違うのはそこに住んでいる人びとの「心のあり方」です。「利他の心」が発揮されているのが極楽であり、発揮されていない、あるいは発揮されにくいのが地獄です。さしずめ、儲けるか損するか、勝つか負けるかの二者択一が支配している現実の競争社会が「地獄」でしょう。その世界で利他的に生きるのはとても難しいことです。しかし、稲盛はこの地獄のような現実世界を善き世界にするためには、人びとが利他的に生きなければならないと説いているのです。しかも、そのように生きるように人間は作られているのですから、まさしくそのように生きることこそ人間にふさわしい善き生き方であると確信し、この確信をひたすら説いているのです。そしてもう一方で、これが経済人稲盛和夫にとって大事なことなのですが、そのように生きることこそが実は真に「利益」を生み出す働きであることも、同時に自分の事業の成功をそのエビデンスとして掲げながらひそやかに（？）訴えているのです。稲盛の思想を経営に活かし、より良き社会づくりをめざす「盛和塾」の隆盛もここに根づいています。

2 「上り道」と「下り道」

（1）「上り道」

西洋でも日本でも、神や仏など「絶対的なもの」をめざしてそれに近づいていく道を「上り道」といいます。「利を求むる道」は、さしずめ財富という絶対的なものへの「上り道」といえるでしょう。ただ、稲盛は「利を求むるに道あり」と説きます。利益を求め財を築くのにも、人間が従わなければならない道徳や価値があるという意味です。そして、この「上り道」における「利他の心」のあるべき姿を具体的に語っているのが、まさしく〈「利他の心」の事例〉の①と②です。

さて、「上り道」にも、さまざまな道があります。いずれの上り道もそう簡単な道ではありません。たとえば、プラトンはソクラテスの「死」を「カタルシス（浄化）」として描きました。ここでは「死」がイデア界（理想）への上昇＝「上り道」ですが、この「上り道」である「生」から「死」への移行とは、「身体」に取り巻かれている「魂」が徐々に身体から解放され「魂」だけに「浄化」されていくプロセスです。死をカタルシスとして捉えるとはそのような意味なのです。では、稲盛和夫が考えている「上り道」は、ソクラテスのカタルシスとどの程度違うのでしょうか。稲盛は「利他の心」を、

『人生の王道』のなかで彼の敬愛する西郷隆盛の「遺訓」を手掛かりにして語っています。それによると、稲盛は西郷を引き合いに出して、精神を高め「利他の心」に至ることを「欲を離れること」（六四頁）と言い放っています。

「欲を離れること」とは、いかなる意味なのでしょうか。この点について少し考えてみましょう。欲はなるほど悪の源です。人は欲ゆえにさまざまな悪を犯します。しかしながら、身体をもち欲のあることこそが、人間が人間であることの証明でもあります。したがって、人間が「欲を離れる」ことになれば、人間は人間でなくなるのではないでしょうか。稲盛によると、「一家が仲睦まじく暮らすためにはどうすればよいか」という問いに対して、西郷は「それは欲を離れることだ」といったそうです（「人生の王道」六三頁参照）。それに対して稲盛は次のようにコメントしています。

> 一人ひとりが過剰な欲を捨てさえすれば、すべてがうまくいく。それなのに、現実はみんな欲の塊だから、家庭も世の中もうまくいかない。この西郷の見方には、なるほどと思います。（同上、六四頁）

人間は「欲の塊」だといっても、まったく欲から離れてしまえば（＝それはカタルシスのように身体がなくなることです）死ぬしかありません。したがって、稲盛がいいたいのは、欲をすべて捨てることではなく、「欲を離れること」＝「過剰な欲を捨てること」なのです。これは私の解釈ですが、稲盛は欲から離れることによって「他人に尽くすこと」が可能になると考えているのです。稲盛はこれこそ人間の正しい生き方であって、現代の諸問題を解決するための「処方箋」（同上）であると主張しています。

しかし、これまで幾度も注意してきたように、「欲を離れること」を徹底するならば、「お国のために命を差し出す」ところまで行きます。私たちは私たちの歴史において、そのようなことを経験してきました。西郷隆盛の死には、まさしく欲を離れ欲に頓着せず義に従った結果という側面があります。西南戦争はそうした戦争でもありました。そうした正義の烈士西郷隆盛に対し、稲盛は大久保利通を西郷と同等に評価し、西郷に対置しています。大久保評価を声高に叫べない薩摩にあって、「大久保の理性と冷徹さが必要だ」と叫んでしまった稲盛は地元鹿児島では非難ごうごうだったようです。しかしながら、稲盛が「冷徹」におこなう「計算」は確実に大久保由来のものなのです（「稲盛の哲学」一五四－一五五頁参照）。稲盛は「利他の心」を説きながら、この地獄のごとき現世において、それがそのままおこなえないことは百も承知していました。それと同時に、「利他の心」を基本に置きながらどの程度までそれを貫くことができるかもよくわかっていました。それが「合併・買収」や「譲り」そして「再建」などの地獄のような「現実」においてなされる「計算」なのです。稲盛和夫の真実はその計算のディテール、細部に宿っています。

ここでこの点についてもう少し付け加えておきます。前章**2**の③で、日本資本主義の父と呼ばれている渋沢栄一の言行録『論語と算盤』について触れておきました。ここにいう「算盤」とは、右で述べた「計算」に通じます。渋沢はその冒頭で論語と算盤の関係、つまり道徳性と計算の関係を次のように語っています。

［論語と算盤《そろばん》は］甚《はなは》だ不釣合《ふつりあい》で、大変に懸隔《けんかく》したものであるけれども、私は不断《ふだん》にこの算盤は論語によってできている。論語はまた算盤によって本当の富が活動されるものである。ゆえに論語と算盤は、甚だ遠くして甚だ近いものであると始終論じておるのである。（渋沢栄一『論語と算盤』角川ソフィア文庫、二〇〇八年初版、二一頁）

「論語」は善をおこなうことを薦め、「算盤」は利を計ります。両者は大きく異なっています。渋沢はそれにもかかわらず「論語と算盤というかけ離れたものを一致せしめることが、今日の緊要のつとめと自分は考えているのである」（同上、二二頁）と語っています。論語と算盤という対立者、つまり道徳と計算、損と利（儲け）を一致させることが緊急の用とはいかなることでしょうか。

この問いは、結局「算盤は論語によってできているとはどのようなことなのか」という問いに収斂《しゅうれん》されるでしょうが、浅学の私には、この問いに対する明確かつ具体的な回答は『論語と算盤』のなかには、なかなか見出せません。しかしながら、わたくし流にこの問いを稲盛の哲学に沿って考えてみたいと思います。稲盛にとっては、先ほど述べたように、最初から見返りを期待して行為がなされるとしたら、それは利他的行為ではなく、むしろ打算的で邪悪な黒い自利的行為です。しかし、稲盛が計算して利他的行為をしているというとき、たしかに稲盛の利他的行為はあたかも「見返り」を前提にしているかのように見えます。それでも、見返りを期待しておこなわれる行為を、稲盛はけっして「利他的行為」とは認めないでしょう。稲盛のなかでは、おそらく「利他的行為」には「見返り願望」はまったくないのです。したがって、稲盛にあっては計算といっても、「どれだけ利益が得られるか」というたぐいの計算ではなく、「相手のためにどの程度損をしてもいいか」、「どの程度譲ったら相手をどの程度助けられるか」という類の計算なのです。はじめから「利他の心」が働いているなら、計算といってもこのような計算になるでしょう。このような計算をどう名づけたらいいのでしょうか。たとえば、「消極弁証法的計算」とでも呼べばいいのでしょうか（「消極弁証法的計算」の詳細説明については、「おわりに」を参照のこと）。呼称はいろいろ考えられますが、稲盛が「計算」というときには、こういう高度なレベルの計算ができる精神的質への「心の高まり」を前提にしているものと考えなければなりません。渋沢が「論語と算盤の一致」というときの算盤（計算）も、このように考えることができるのではないでしょうか。

この節は「考察」の節ですから、明治を代表する経済人渋沢栄一と昭和・平成を代表する経済人稲盛和夫とを比較し、それを通して稲盛和夫についての理解を少しでも深めておこうと思って、渋沢の『論語と算盤』を取り上げました。いまここで、商業教育の観点から渋沢栄一を論じている渋沢栄一研究の第一人者・三好信浩の語る渋沢の経済・道徳一致説を簡単に紹介しておきましょう。渋沢栄一はこの考え方において、稲盛和夫の先行者という側面をもっていますが、両者は微妙に違います。

三好は『渋沢栄一と日本商業教育発達史』（風間書房、二〇〇一年、以下「三好」と略記）のなかで「経済と道徳の一致」を論じています。それによると、渋沢は最初の海外訪問国であったフランスよりもイギリスにとても強い敬慕の念を抱いていました（同上、四三–四六頁参照。パリ万博への遣欧使節団団長であった徳川慶喜の弟・昭武の随員として渋沢はヨーロッパに渡り、そこで貴重な経験を積みますが、それについてはここでは触れません。渋沢の自叙伝『雨夜譚』などを参照してください）。情緒的にいえば、渋沢はイギリス文化がもつ「どっしりした有様」、「沈着の所」が好きだったようです。イギリス文化は情緒的にはそのように表現されるのですが、渋沢はその「落ち着いた様」を土台にした「イギリス人の商業道徳」（同上、一一八頁）を、日本の非道徳的な悪しき商習慣と比較して高く評価しています。そして、日本もこれを模倣すべきであると説いています。その理由は、維新直後の日本らしく「殖産興業」に成功し「富国強兵」を実現するという明治の国家目標と結びついていました（経済の発展を国家の発展と結びつける発想は、もちろん稲盛より渋沢のほうが断然強いと思います。それは個性的なものというよりも、時代の違いによるものだと思われます）。ただ、渋沢の場合、国を富ますためには、その基礎として「人格教育」（同上、一一九頁）は欠かせないものでした。私たちは「人格」と聞くと、日本哲学出発の機縁となったイギリス人トーマス・ヒル・グリーンの倫理学説（本書第3章）を思い出しますが、明治期は哲学においても経済においてもイギリスの影響がドイツと並んで強かったのです。こうしたイギリスと日本の結びつきは、やがて日英同盟という強固な軍事同盟へと発展し、日本の世界進出の大きな柱となっていきます。

「イギリス人の商業道徳」を模範にして日本の商業道徳を高めるという場合、「私利（私益）と公利（公益）の関係」をどう考えるかの問題になりますが、この問題を最初に考えたのは石田梅岩であったと、三好は展開します（稲盛も「生き方」一七八－一七九頁などで石田梅岩にはよく触れています。「利を得るにも人間として正しい道を踏まなくてはならない」というように）。そしてすぐさま渋沢独特の私益・公益論が展開されます。

渋沢独特の私益・公益論とは、「私益」＝「公益」理論にあります。この論理を読み解くと、公益でない私益は存在しないということです。三好は渋沢がこの論理を際限なくいたるところで展開したことを伝えています。この論理でいえば、純粋な私利・私益は存在してはならないのです。公益でない私益は存在してはならないのです。三好は一九一〇年の渋沢のある講話から「公益に非ざる一身の私利は決して完全に持続することの出来るものではない」(『三好』一二〇頁)と引いています。また、明治末年の『青淵百話』では「公益と私利とは一つである。公益は即ち私利、私利能く公益を生ず。公益となるべき程の私利でなければ真の私利とは言えぬ」(同上)と語っています。私利といえども、最初からその内に公益を含んでいなければならず、そういう私利であってはじめて公益を生み出すのです。渋沢にあっては、公益に至らない私利は認められないのです。

どうして、このようなある種偏った論理が生まれたのでしょうか。こうした公益偏重論理が成り立つには、私利と公利、私益と公益の結節点として「国家」があったことを、三好は指摘しています。だからといって、渋沢はかならずしも戦前戦中の日本を席巻したような国家主義者ではありません。渋沢ほど外国事情を知っている人物は当時の日本にはいませんでした。しかし、江戸の時代が終わり儒教道徳が忘れられ、我利我利亡者の跋扈《ばっこ》する明治の時代に、渋沢は新しい時代の儒教道徳復活をめざしました。渋沢がその道徳の中心に据えたのが「国家」でした。「国家」にとって善いか(公利)悪いか(私利)が道徳的善悪の基準となるのです。渋沢はそれを新しい時代の「商業道徳」として展開したのです。

それに対して、江戸中期に活躍した石田梅岩には、そのような国家像はなかったのではないでしょうか。石田の目的は士道に対して「商人道」を打ち出すことでした。右のような国家観のあるやなしやが、「商人の売利は士の禄に同じ」(『生き方』一七九頁)と商人道徳を説いた梅岩と渋沢のまったく違うところです。

先述したように、稲盛にも渋沢のような国家観はありません。また、稲盛和夫は資本主義勃興期の精神を語るなかで、利他の精神を「私益よりも公益を図る心」(同上、一七八頁、他にもいたるところで語られています)と語っていますが、ここでは渋沢のような仕方で「私益」は否定されていません。稲盛にあっては、私益は公益の対立物とみなされる仕方で存在を得ています。しかる後に、私利・私益は克服・否定の対象として扱われることになります。ただし、稲盛にあって私益「否定」の基準となるのは、「国家のため」ではなく、「他者のため」ということになります。渋沢と稲盛の私利と公利の関係についての微妙な違いはここにあります。ただ、「私利」に基づいて得られた「私益」は永続きしないという考えにおいては、両者はまったく一致しています。

私たちはこれまで、渋沢がイギリスの「商業道徳」を模範に日本のあるべき商業道徳を展開したと語ってきました。しかし、三好によると渋沢は「商業道徳」という呼称に「不快感」を抱いていました(『三好』一二三頁参照)。道徳とは普遍的なもので、「人類全体の則るべき法則」です。それなのに、なぜ「商業」にだけことさらに「道徳」が求められるのか、というわけです。渋沢はそこに「商人蔑視」を感じていました。世間一般に、商人とは悪事を働いて儲ける人たちであるというなかなかぬぐいきれない悪評があったからです。三好は商人には昔から「義理をかき、人情をかき、恥をかく」という諺(三かきの法)があり、そうした評価が商人蔑視の源になっていると述べています(同上、一二三頁参照)。ただ、渋沢は残念ながらこの悪評に値する経済活動が現実におこなわれていることを、よく承知していました。私は、稲盛が「利他の心」をビジネスの根本に置くべきであると説くとき、渋沢と同様の思いがあったのではないかと考えています。稲盛の周辺にもビジネスに対する悪評の該当する事例があふれており、そういうビジネスに対する反発も「利他の心」の提唱と結びついていると思っています。

（２）「下り道」

それでは「下り道」に目を転じましょう。稲盛は「利を求むるに道あり」といいますが、同時に「利を散ずるに道あり」とも語っていました。「下り道」とはまさに後者のことです。まさしく〈「利他の心」の事例〉の③と④が「下り道」に該当します。事業に成功し財を成した人は数多くいます。しかし、そのなかで稲盛のように社会のために散財した人がどれほどいたでしょうか。稲盛の散財は、森繁久彌《もりしげひさや》が礼讃したように清々しい散財の仕方です。もちろん、その根拠になっているのは、「利他の心」です。

しかしながら、私たちが財をなしたとしても、その財をどのように使うかは各人の自由ではないでしょうか。一生懸命働いて蓄えた財ですから、他者のためにそれを使うのではなく、まずは自分のために使ってもいいのではないでしょうか。しかし、稲盛はもちろん自分のためにもそれを使ったでしょうが、なによりもまず他者のために使ったのです。いま私たちは稲盛フィロソフィの根底にあり、それを支えている「利他の心」について論じているわけですが、稲盛はたとえば京都賞の創設を「利他の心」に従ったまでのことで人間として当然のことをしたにすぎないというでしょう。

先に、渋沢がお手本とした国がイギリスであることを指摘しておきました。とりわけ、イギリスを模範とすべきとして渋沢が評価したのは、イギリスの「商業道徳の高さ」でした。その次に、渋沢が模範とすべきとしたのは、イギリスにおける「福祉事業の発達」（同上、四七頁）です。そうした福祉事業への評価は、渋沢が彼の財を社会福祉事業に費やしたことからもうかがうことができます。

もちろん、渋沢の社会福祉事業への積極的関わりは、渋沢の思想に基づいておこなわれたわけですが、その使い方は、稲盛と共通するところがあります。

しかしながら、渋沢や稲盛はむしろ例外と考えたほうがいいのではないでしょうか。たとえばイデア界という理想にあこがれて、それを観るために精進に精進を重ね、理性を研ぎ澄まし、ついにイデアを観た（テオリア・観想）哲人が、「洞窟」のような現実の世界に帰り、イデアのことを誰にも告げることなくイデアを見た自己満足感に浸って夢見ながら一生を終わってもいいのではないでしょうか（この例は蓄えた「財」の使い方ではなく、獲得した「知」の使い方ではありますが、自分が得たものを自分のためにだけ費やす一つの例として述べてみました）。

しかし、このような「自分の努力によって築き上げた財産は自分のためだけに使ってもいいのではないか」という疑問に対しては、稲盛は明確に「ノー」と答えるでしょう。そしてその後で、人間の心は宇宙の心と一つで、人間には「利他の心」があるの「だ」、しかもそれに従って生きるように人間はできているの「だ」、それこそがもっとも人間的な善き生き方なの「だ」、と稲盛は断言するでしょう（そういう意味では稲盛フィロソフィを「だ、だ、だの哲学」と呼んでもいいかもしれません）。しかしながら、実はここに稲盛の強さの秘密があるのです。なぜなら、その確信が稲盛の事業成功の最大の源泉なのですから。現代ではエビデンスのない理論は空想として排斥されるしかありませんが、稲盛の主張する「利他の心」に基づく経営の正当性は、稲盛の事業の成功という見事な経験的エビデンスをもって保証されているのです。

しかし、それは同時にそして哲学的には、稲盛フィロソフィの弱さも示しているのです。つまり、そうした断言はかならずしも哲学的とはいえないと思います。たとえ、経験的エビデンスがあったとしても、それはたまたまうまく行っただけなのかもしれないからです。なぜ、「私たちは他者のために生きなければならないのか」については、たんに経験的エビデンスだけではなく、哲学的・宗教的な根拠をもって語られる必要があるのではないかとも、私は思うのです。以下ではそのような議論を少しだけ挟んでおきたいと思います。

いま「下り道」における「財」の使い方を論じています。蓄財を他者のために使うこと、そしてそのように使うことが人間にとって正しい生き方であること、さらにまたそのように生きることが善き生き方であること、そうしたことどもが「利他の心」に基づいた真に人間的な生き方であると、稲盛は確信していました。以下では、京都帝大で西田幾多郎の後任を務めた田邊元が、この世を「利他の心」で生きることをどのように基礎づけていたかを中心に見ていきたいと思います。

稲盛は現代の哲学や宗教は抽象の世界に埋没し、青少年に「人間いかに生きるべきか」を説いていないと、厳しく批判していました。まさしく「哲学の危機」です。田邊元は「危機の哲学か哲学の危機か」という論文で、「哲学の危機」について語っています。

田邊が「哲学の危機」として批判的に論じているのは、アリストテレスとハイデッガーの哲学です。田邊によると、アリストテレスの哲学はテオリア（絶対的なものの観想）を至高のものと捉えるも、その至高のものの実現をめざすのではなく、「諦観」にとどまったとして、「哲学の危機」を象徴する哲学とされます（先述した第3章**5**のグリーンによるアリストテレス評価と、田邊によるアリストテレス評価とは丸っきり異なっています）。また、田邊はハイデッガーに対しては、彼のナチス協力を象徴しているフライブルク大学総長就任講演を取り上げ、ハイデッガーの民族主義的・国家主義的学問論や大学論を「哲学の危機」として批判しています（「田邊元の政治哲学」一一七―一一九頁参照）。とりわけ、アリストテレスに対しては、彼の哲学は「往相」だけで「還相《げんそう》」がないと浄土系仏教の用語を使用して批判しています。「還相がない」とは、どのような意味なのでしょうか。それは理想をめざそうとはする（往相）が、他者を促し他者とともに理想の実現をめざす実践（還相）がないということです（同上、一一九頁参照）。田邊にとって、このような実践を欠いた哲学が支配する時代は「哲学の危機」の時代でした。

実は、田邊はこのアリストテレス批判の観点を、稲盛流にいえば「下り道」における「利他の心」を説明するために使用しています。すなわち田邊は、アリストテレスのように自己満足という「諦観」にとどまるのではなく、洞窟から現実世界へと出て他者に自分の得た高い認識を開放するとともにその認識をこの世界に実現すべく実践していくプラトンの道を「危機の哲学」として高く評価するのです。そしてその高い評価を、浄土真宗の開祖親鸞《しんらん》の「往相廻向還相廻向《おうそうえこうげんそうえこう》」の教えを使って展開していきます。

浄土真宗は、よく知られているように、すべての衆生の救いを願った「弥陀の本願」を信じるところに成立します。キリスト教が「イエスの死と復活」を信じるところに成立するように。田邊は、曾我《そが》量深《りょうじん》による親鸞の「南無阿弥陀仏」という「称名」解釈を高く評価しています。「南無阿弥陀仏」は一般には「仏に帰命せよ」という命法ですが、親鸞にあってはそれは「至達」、つまり願の成就という「よき知らせ」を意味しています。すなわち、私たちに「南無阿弥陀仏」の心が起こるとき、私たちはすでに救われているという「ありがたい」教えです。さらに、田邊が曾我の教えの内に見たのは、親鸞の唱える称名がもつもう一つの意味でした。それは救済が「他者救済」へと開かれているという点でした。この「他者救済」という衆生救済の観点が、まさしく「還相廻向」に他なりません。

田邊元のギリシア哲学理解を、浄土系仏教の観点からごくごく簡単にまとめるなら、プラトンには「還相」があるが、アリストテレスには「還相」がないということになります。往相とか還相とか難しい言葉を頻繁に使っていますが、これらの意味について中村元『仏教語源散策』（東京書籍、一九八七年）から引いておきます。

自分の功徳をすべての衆生にめぐらして、ともに阿弥陀如来の安楽浄土に生まれようと願うのが往相廻向であり、浄土に生まれ終わって、ふたたび生死の世界にもどり、すべての衆生を教化してともに仏道に向かわせるのが還相廻向であるとするものである。（一八九頁）

往相廻向は極楽往生するために安楽浄土に生まれることを願うことです。しかし、それは「「浄土から」翻って生死の密林に廻入し、一切の群生を教化して、共に仏道に向かわしめることである」（金子大栄『口語訳　教行信證』法藏館、一九六一年、三一四頁）「還相」があってはじめて成就するものなのです。還相とは一度浄土に行った者が、ふたたびこの現世に戻り、衆生を仏道に導き浄土を共にめざす働きです。ちなみに、梅原猛はこの「二種廻向」こそ「親鸞独自の思想である」と語っています（梅原猛『誤解された歎異抄』光文社、一九九〇年、九五頁）。還相廻向とは、「他者のための実践」を伴っているのです。田邊はこの働きを阿弥陀如来への「協力」ともいっています。

戦後、田邊は社会民主主義国家の実現をめざします。田邊にとって、社会民主主義国家を建設することが「還相廻向」であり「他者救済」だったのです。この働きを、田邊は「友愛」と呼んでいます。戦後の田邊にとって、社会民主主義国家建設のための政治的義務になった「他者救済」の働きが「友愛」なのです。以上の田邊の仏教解釈と「救済論」は拙著『田邊元の政治哲学』の第八章、第九章で詳細に論じています。そちらを参照願えればと思います。

以上見てきたように、浄土からの「下り道」が「還相廻向」です。でも、「還相廻向」はたんなる「下り道」ではありません。「上り道」でもあるのです。それがまさしく浄土へ向かう「他者救済」の働きであります。田邊はこのような論理でもって、「利他の心」に基づく「他者救済」という実践的行為を基礎づけています。稲盛の京都賞創設も養護施設設置も、田邊の哲学の論理を使えば「還相廻向」ということになります。

ただ、たしかに稲盛も仏教にかなりの程度帰依していました。六十五歳になっての臨済宗での得度など最たるものです。また、もともと稲盛は宗教に対する愛着をもっていました。江戸時代、薩摩藩では一向宗の信仰は禁止されていましたが、多くの人びとが厚い浄土信仰をもっていました。信者は「かくれ念仏」といわれる仕方で、途切れることなく信仰を守ってきたのです。稲盛は四、五歳のときまだかすかに残っていた「かくれ念仏」に参加したことを語っています（「生き方」一四〇頁参照、より詳しくは、吉田健一「鹿児島時代の稲盛和夫――幼年時代から学生時代まで」『鹿児島大学稲盛アカデミー研究紀要』三巻、二〇一一年、一四二－一五〇頁、を参照してください）。それ以来「なんまんだ」が口癖になったとか。このように稲盛は信仰心のある人でした。ただ、稲盛の信仰は、田邊のような自分の思想を基礎づけ論理化する武器というよりは、どちらかといえば、自分の救いのためのものではなかったか、と私は考えています。稲盛は仏教信仰の厚い人でしたが、田邊がしたようには、仏教を利他的行為の主要な根拠には用いませんでした。

それに対して、渋沢は「儒教道徳」を彼の経済道徳の基礎に置きました。三好はそのことについて以下のように言明しています。

商業道徳には宗教からの裏打ちが必要であるということは、早くから彼〔渋沢栄一〕の認識するところであったが、その際、キリスト教でも仏教でもなく、少年時代からの彼の教養であった漢学を持ち出したところに、渋沢の発想の独自性があった。(「三好」一二四頁)

三好のいうように、渋沢は彼の「経済道徳合一説」を儒教によって基礎づけました。ここであえて稲盛と比較するならば、稲盛は「利他の心」説を自分の「経験」によって基礎づけました。稲盛は仏教のことなどよく例に出しますが、けっしてそれを基礎づけとしては使ってはいません。

渋沢に戻りますが、儒教を取り入れた日本にも朱子学と陽明学という儒教の二つの流れがあります。そのうち渋沢が取り入れたのは陽明学の流れでした。その理由は、陽明学は王陽明の「知行合一説」に基づき、朱子学によってもたらされた「学問実行分離」の弊害を矯正したからです(同上、一二五頁参照)。朱子学は「富とか殖利」といったものを聖人の語るべきことではないとして、これを退けました。

それに対して、「格物致知」すなわち「富とか殖利とかの財貨（物）の世界のなかに入っていき、そこで生きてみなければ、真の知恵に至ることはできない」と朱子学の立場を否定したのが陽明学でした。このような思想的立場から、渋沢は商業道徳を「儒教主義（陽明学）」を立脚点にして基礎づけていきます。それに対して渋沢の仏教評価はとても「低い」ものでした。三好によると、渋沢にとって仏教は、「我を棄てよとか、本来無であるとか、一切空であるとか」というような俗世間を離れたいわば「骨董」のようなものでした。稲盛が得度した臨済禅にもそのような評価が下されました。このような思想性の下、成立したのが「論語算盤合一説」＝「経済道徳合一説」でした。ただ、渋沢は『論語』およびそれに基づく儒教主義を、私には宗教としてよりも、「実践倫理」として解釈していたように思われます（同上、一二八－一三〇頁参照）。

3　「利他の心」の生物学的見方と稲盛フィロソフィ

私たち人間は生物です。生物であるということは、身体をもっているということです（「身体をもっている」と表現すれば、人間は身体とは違う何ものかであって、「その何ものかが身体をもっている」ということになります。しかし、「人間は身体である」という表現は、きわめて明快で「人間＝身体」を意味しています。この違いを見逃さず、それを分析解明していくのが、哲学的思索といわれます。稲盛フィロソフィにはこのような思索はあまり見られません）。いずれにせよ、身体をもっていることが人間であることの証ですが、そうであるにもかかわらず身体は「悪」の源とみなされてきました。だから、古代ギリシアでは身体から魂が自由になることである「死」を「浄化」と呼びました。稲盛は基本的には、この「浄化」という考えを認めているように思います。稲盛は「心、魂」を純化（浄化）していくことが、「現世を生きる目的」であり、魂には「来世」があるととても素直に信じていました（「稲盛の哲学」一七五－一七七頁参照）。

魂（精神）と身体の二元論を認めれば、その二つの対立者がどうして一つに結びついているかを説明することが、デカルトのように難しくなるということで、二元論に消極的であったのがグリーンでした。西田幾多郎も独自の観念論の道を進みました。稲盛はもっと世俗的に魂の存在を高く置き、その「永遠性」を妄信しました。そこでは身体性は魂による克服の対象であり続けました。しかし、身体は身体自身でみずからの法則に従って活動し、魂までも支配しているという右とはまったく異なる考え方もあります。それが生物学的な立場です。

さて、二十世紀、生物学の領域においては、「遺伝子研究」が飛躍的な発展を遂げました。その研究の大きな成果が進化生物学者リチャード・ドーキンス（一九四一－）の『利己的な遺伝子』（日高敏隆他訳、紀伊国屋書店、一九九一年第一刷、一九九三年第九刷）です。ドーキンスは『利己的な遺伝子』の「1976年版へのまえがき」で、この著作の本質を一つの命題ではっきりと言明しています。

われわれは生存機械――遺伝子という名の利己的な分子を保存するべく盲目的にプログラムされたロボット機械なのだ。（『利己的な遺伝子』四頁）

ここには「私たち人間は自己保存を目的とする利己的遺伝子を内蔵しているロボット」であるという驚くべき認識が明言されています。しかも、十年ほど後の「１９８９年版へのまえがき」には、「この本の中心をなすメッセージは、教科書にも載るオーソドックスな見解となってしまった」（同上、九頁）と、ドーキンスは利己的遺伝子説の定説化を報告しています。ドーキンスによると、この利己的遺伝子説はダーウィンの進化論の内にあり、とりわけネオ・ダーウィニズムの論理的発展として考えられています。しかし、ダーウィニズムとの違いは「個々の個体に焦点をあわせるのではなく、自然の遺伝子瞰図的見方」（同上）を採っている点にあるということです。つまり、ドーキンスは、ダーウィンのように人間存在の本質を個体ではなく、遺伝子にあると考えました。

稲盛は「利他の心」を「人類愛」とも呼んでいました。自由が「諸刃の剣」であることは前に触れました。稲盛によると「愛」も自由と同様に「諸刃の剣」であります。私たちは「自己愛」がなければ生きていけません。しかし、「自己愛」が強くなり過剰になってくると「悪」を生み出します。「自己愛」が強くなってくると、自分を生かすどころか逆に他者も自分も滅ぼすことになります。こういう自己愛を稲盛は「過剰な自己愛」と呼んでいます。

しかしながら、稲盛は「過剰な自己愛」の結果生じる生命の危機から、人類にも「共生」の思想が芽生えると考えています。

［人類は］自分を大事にしようという自己愛が肥大化すると、他者に害を与える。そうすると結局自己も滅びる、ということを自然から学んでいったのです。（中略）人類は自然界に生きるなかでこ

のことを学び、「共生という生き方」を自然に実践するようになったのです。（「稲盛の哲学」一八〇頁）

「過剰な自己愛」が跋扈する世界は、あたかもホッブズの「自然状態」を彷彿《ほうふつ》とさせます。しかし、人類はこの「万人の万人に対する戦い」の状態に留まってはいませんでした。自己を保存するために戦いではなく、「共生」の道を選択したのです。

利己的遺伝子説は、生物学の定説になっているようですが、最近『「利他」の生物学――適者生存を超える進化のドラマ』（鈴木正彦・末光隆志著、中公新書、二〇二三年、以下「利他の生物学」と略記）という新書が出ました。その主張を、私見を交えながら簡単にまとめてみましょう。この書はまず、「生物は利他的か」という問いを掲げます。そして、利他的であることの指標を「共生」と見定め、「共生」の事例を数多く提示しています。その結果、利他的行動に見える「共生」も、利己的活動の結果として成立したものであると、結論づけました。だから、「生物はやはり利己的だ」（「利他の生物学」二〇〇頁）という結論になります。しかし、著者たちはこの結論で幕を閉じるべきかどうかと悩みます。

さて、利己的遺伝子説では、当然人間の働きを司るのは遺伝子です。ただし、遺伝子が人間存在の働きを支配しているとしても、細胞レベルの「共生」（利他的行動）と個体レベルの「共生」（利他的行動）とは少し異なるようです。細胞レベルの「共生」は主として「相利共生」といわれる双方にメリットがある「共生」です。その事例として、シロウリガイと硫黄酸化細菌、植物と昆虫、植物と菌類、ヒトと腸内細菌が挙げられます。この事例では双方が「絶対共生状態」にあり、双方が「共生」しメリットを得ることによって生存を確保します。この「共生」は利他的でありますが、その出発点は利己的です。とはいえ、相利的であります。

しかし、右の細胞レベルでの「共生」は、個体レベルでの利他的行動とは、少し違うようです。動物の集団内での利他的活動は、あくまでも集団を維持し、子孫を増やすということが目的です。「利他の生物学」の著者たちは、こうした動物の利他的行動を「進化の過程で生じた鳥類や哺乳類の利他的行動は、遺伝子にプログラムされている本能的な行動といえるでしょう」（同上）とまとめています。「遺伝子にプログラムされている本能的な行動」であるとしても、動物の個体の利他的行動はあくまでも集団の維持が目的ですから、かならずしも「相利的」ではありません。むしろ「片利的」であるといえましょう。「片利的」とは、自分が「犠牲」になって集団の存続を維持することもあるということです。個体には「片利的」な利他的行動があるという点が、細胞レベルでの「共生」と違う点です。

それでは動物の利他的行動と人間の利他的行動とは何か異なるところがあるのでしょうか。「利他の生物学」の著者たちは、人間は脳の著しい発達によって「動物には見られないような高度な利他的行動」（同上、二〇一頁）が見られるようになったと考えます。そしてそのような利他的行動を、人間のもつ「利他的本能」（同上）と呼んでいます。脳の発達によって獲得されたこの利他的本能は、「より発達した集団を作る力、その基盤となる仲間に対する信頼の醸成」（同上、二〇一－二〇二頁）を通じて、人類に生存競争での勝利をもたらすことになります。大脳に蓄えられ、人間の本性になった利他的行動は、人類という種の維持のために「協調的な集団」（同上、二〇二頁）づくりに利用されたということになります。

右のような人間の利他性を、現代の「利己的遺伝子説」から見ると、どうなるでしょうか。「利他の生物学」の著者たちは次のようにまとめています。

ドーキンスの利己的遺伝子という概念になぞらえていえば、遺伝子が生き残り増殖するために利他性を利用してきたともいえます。そう考えると、人間にとっては「利他的行動」とみえるものが、遺伝子にとっては増殖するための「利己的行動」とみることができます。遺伝子が自己の分身を増やそうという強いドライビング・フォースが、ときには利己的、またあるときには利他的行為に見えるというのが、妥当な答えなのかもしれません。（同上）

以上が「利他の生物学」の著者たちの結論だと思います。「妥当な答え」という表現に著者たちの少し「歯がゆい」思いがにじんでいるようにも思えます。「利己的遺伝子説」から見ると、やはり生物の基本は「利己的」なのです。そして、あたかも「利他的」であるかのように見える行為でも、利己的活動の「変様」にすぎないのです。たしかに、これが生物学から捉えた冷厳な事実かもしれません。しかし、人間学的に捉えたら少し違った様相が見えてきます。それについては、第3章**4**や第5章**2**の（3）で少し触れておきましたので、それを思い出しておきましょう。

中島によると、グリーンは人間に利他的行為が可能であるとするなら、人間は因果法則に縛られている経験的、物質的存在であってはならないと考えていました。この考えを逆から読むと、人心が経験的・物質的レベルのものであるなら、人間のすべての行為は自利的であるほかないと読めました。だからグリーンは、人心を超経験的なもの・超自然的なものと捉えました。さらに同じような立場から、グリーンは進化論的世界観にも疑問を投げかけました（第3章**4**参照）。ダーウィニズムにおける進化は、適者生存であれ、劣者淘汰であれ、「無意識的変化」でした。それに対して、グリーンにとって歴史は道徳的価値判断の積み重ねですから、「自己意識的変化」でなければなりませんでした。もちろんグリーンの場合、進化といっても文化的・社会的領域の進化が主題になりますが。

ちなみに、ダーウィンの進化論に対する否定的評価において、稲盛はグリーンと同じような立場に立っています。稲盛も進化については「意識の働き」を評価すべきであると主張しています（『稲盛の哲学』六八−七四頁参照）。つまり、意識の働きが肉体の環境への適応（肉体の変化）を引き起こすという考えを稲盛はかなり強烈に主張しています。人間の進化はただ無意識的に環境の変化に身体が対応して起こるのではなく、人間の意識作用が関わってはじめて進化が可能になると、稲盛は考えました。ダーウィンの進化論は人間以外の生物の進化については見事に説明しているようですが、意識をもった知性的動物である人間にはかならずしも当てはまらないようです。このように人間の意識の働きを評価するところに日本哲学の特質もあると、私は考えています。もちろん、西田幾多郎はその代表選手です。このように思索するならば、ドーキンスの「利己的遺伝子説」に対する一つの反論が成立するように思われます。

以下は、すでに第5章**2**の（3）で言及したことではありますが、最後の章である第12章仕様で再録しておきます。西田幾多郎は『善の研究』で、「意識活動こそ実在である」ことを出発点として、突然この私たちの意識活動を宇宙を支配する「唯一実在の唯一活動」（『善の研究』七二頁）の現われとして展開していました。西田はこれを「意識の根底には普遍の統一力が働いている」（同上、七四頁）とも語っています。また、西田は「実在の根底には精神的原理があって、その原理がすなわち神である」（同上、九七頁）とも語っています。したがって、私たちの意識活動とは、神の精神的働きの現われなのです。再言しますが、日本哲学の特質は「根底で働く神的なものの精神的活動」を認めるところにあるのです。

人間の道徳的意識活動を、稲盛もしばしば神のようなある絶対的存在の現われであると、いたるところで確信をもって語っています。西田における神と人間の意識との関係についてはこれまでも述べてきましたが、そのあり方は西田（グリーン）と稲盛ではそんなに違いはありません。ただ、西田が神的絶対者と人間との関係について深く思索を重ねているのに対し、稲盛は確信をもって断言しているのです。そういう違いはあります。

さて、心理学ではこの統一力という精神的活動を「脳」に還元します。このような心理学による還元は、「意識外に独立の物体を仮定する」（同上）ものであると、西田は批判しています。やはり西田にとって意識の統一活動こそ「唯一実在の唯一活動」だったのです。意識のこの活動は、たとえば脳のような「或他の実在よりして出てくる」ものではなく、意識の活動自身が実在なのです。西田はこのように人間の意識活動を大脳生理学に還元することを断然拒否します。稲盛も基本的には西田と同じ立場です。ただし、西田ほど明確ではありません。しかし少なくとも、稲盛自身は自分を少しも唯物論者などとは思っていません。稲盛は肉体と魂の分離を信じ、魂を「意識体」と名づけ、「意識体」の輪廻転生をいたるところで説いています（たとえば「稲盛の哲学」六九－八二頁参照）。その意味で稲盛は肉体の有限性をもちろん認めると同時に、魂＝「意識体」の永遠性を認めています（再録終わり）。

現代の生物学のように人間を遺伝子から捉えるのではなく、人間学（哲学）のように人間を総体的に理解するならば、生物学とは違う人間の見え方があるのではないでしょうか。西田幾多郎は昭和十六年の昭和天皇への御進講「歴史哲学ニツイテ」で次のように語っています。

歴史的世界ハ物質界ノ如クニ機械的ニ動イテ行クノデモナク、生物界ノ如クニ単ニ目的的ニ動イテ行クノデモゴザイマセヌ。時ヲ越エタ永遠ナルモノヲ内容トシテ発展シ行クノデゴザイマス。（『西田幾多郎全集』第十二巻、二六九－二七〇頁）

つまり、人間は生物のようにたんに遺伝子の設計図に従って目的的に発展していくだけの存在ではありません。稲盛が人間の「利他的行為」を「神的存在」の現われとして理解していることを、西田は御進講で人間は「永遠ナルモノヲ内容トシテ発展シ行ク」と語っているのです。稲盛はこのように人間を道徳的存在として立て（「利他の心」）、その上にさまざまな建造物（人生哲学や経営哲学そしてさまざまな経済活動）を構築していったのです。その考えに哲学未満のところはありますが、稲盛は理想主義哲学の枠のなかでひたすら生きてきたといえるでしょう。

おわりに
――理想（西郷）と現実（大久保）の総合としての稲盛フィロソフィ

ある日本の文豪が洗礼を受けた後、次のようなことを語りました。「神の国」があるということには、たしかに経験的エビデンスはない。しかし、人間が死んだら「無」になるという唯物論的主張にも同じように経験的エビデンスがない。どちらにもエビデンスが存在しないとするなら、「神」を選ぶにしても「物質」を選ぶにしても、それは「信仰」でしかないのではないか。そう考えることができるようになって、「信仰」が固まったというようなことを聞いたことがあります。

本文でも書きましたが、稲盛の主張が何よりも説得力をもっているのは、京都セラミックを立ち上げ、それを「京セラ」という巨大企業に育て上げたこと、次に異業種である電気通信事業に参入し、ＫＤＤＩを立ち上げたこと、さらにジャパンフラッグでありながら倒産した日本航空を短期間で見事に再建したこと、こうした事業の大成功が「稲盛フィロソフィ」の「有効性」や「強さ」、そしてひょっとすると「正しさ」さえも証明するエビデンスになっているからです。本書は「稲盛フィロソフィとは何か」というタイトルで、稲盛の哲学を日本哲学の特質と比較しながら、その「光」と「影」を論じてきました。そのなかで明らかになったのは、稲盛が「利他の心」と呼んでいる人間の「道徳性」が、稲盛に成功をもたらした稲盛フィロソフィの基礎を形成しているということでした。稲盛はブレることなく彼の事業経営において、この道徳性を貫いてきたのです。

稲盛は自身の著作『人生の王道』で、西郷隆盛の思想を端的に表現している「敬天愛人」を京セラの社是にしていることを伝え、「敬天愛人」の意味を次のように語っています。

天を敬い、人を愛する。心に響く美しい言葉です。天を敬うとは、自然の道理、人間としての正しい道、すなわち天道をもって善しとせよ、つまり、「人間として正しいことを貫く」ことであり、人を愛するとは、己の欲や私心をなくし、人を思いやる「利他」の心をもって生きるべしという教えです。(『人生の王道』九二頁)

稲盛は、西郷が晩年愛した「敬天愛人」の肝を「利他の心」と理解し、「利他の心」を生きました。私たちはこの引用文を通して「利他の心」が稲盛フィロソフィの礎《いしずえ》であることを再確認できます。稲盛フィロソフィのなかには西郷隆盛が生きているのです。

しかし、そうはいっても、純粋に「利他の心」だけでこの生き馬の目を抜くような損得の世界を生き抜くことはほぼ不可能なことです。稲盛は頑なな部分もありますが、「事柄自体」に即してものごとを考えることができる柔軟性も持ち合わせていました。稲盛は西郷の盟友・大久保利通の生き方のなかに西郷に足りないものを見出し、これを取り入れているのです(というより、もともと資質として稲盛のなかにあったのかもしれません)。本文でも触れておきましたが、「利他の心」だけで生きることは、破産を意味します。破産は従業員を路頭に迷わせることになります。「利他の心」を貫くためにも、そうならないように「計算」は欠かせないのです。

『大久保利通――「知」を結ぶ指導者』（新潮選書、二〇二二年、「大久保利通」と略記）の著者瀧井一博は、その著作のなかで大久保を南アフリカ初の黒人大統領ネルソン・マンデラと同じ「羊飼いの指導者」に例えています。瀧井は「羊飼いは群れの後ろにいて、賢い羊を先頭に行かせる。あとの羊たちはそれについていくが、全体の動きに目を配っているのは、後ろにいる羊飼いなのだ」（「大久保利通」三六八頁）と、マンデラの言葉を引いています。つまり、大久保は先頭の羊（「内務省」）が羊の群れ（「日本国民」）を御して、間違いなく日本という国家を導いていけるように後ろから支えている「羊飼い」、より正確にいえば「プロデューサー（製作者）」（同上）でした。プロデューサーは全体を見ながら、羊の世話のためにとても細かい計算をしなければなりません。稲盛も大久保とまったく同じプロデューサーでした。

ただし、稲盛の場合、その計算は「利他の心」の許す範囲内のことでなければなりませんでした。その計算の仕方を私は本文で苦肉の策として「消極弁証法的計算」と名づけました。「消極」とは私たちには「利他の心」に従わなければならない「限界・制限」があるということ、「弁証法的」とは損と得という対立者の「利他の心」に基づいた総合を図るという意味です。稲盛もこのプロデューサーの位置にいなければ、このようなとても細かい計算はできなかったはずです。私たちは稲盛がいかに細かい計算ができた人であったかを『京セラフィロソフィ』の第三章で展開される「値決めは経営である」のなかに見ることができます。また、その詳細は、『アメーバ経営』で展開されています。本文で「稲盛の真実はディテールに宿る」と書きましたが、その細かい計算に稲盛の真骨頂が発揮されています（残念ながら、ネット情報が正しければ、ビッグモーターも「値決めは経営」という稲盛の言葉をそっくりそのまま「経営の原点」に取り入れています）。

しかしながら、稲盛はプロデューサー（製作者）だけでなく、なんといってもアクター（演じる役者）でした。稲盛は『ガキの自叙伝』など多くの著作で、自分がアクターとして演じた経営の一幕一幕を少し誇らしげに語っています。稲盛の言葉を使えば、稲盛は事業を「率先垂範する」アクターでした（「率先垂範」については、「京セラ」一三九―一四五頁も参照してください）。そういう意味で、稲盛は江戸城の無血開城を先頭に立って導き、廃藩置県を率先した西郷の役割も果たしていたのです。少し稲盛を褒めすぎのきらいもありますが、極端な言い方をすれば、稲盛のなかには、西郷と大久保という「矛盾」する存在が矛盾しながら同居していたのだと思います。このことを言い古された言葉で表現すれば、稲盛は文字通り「矛盾を生きた」といえるでしょう。

これからは余談です。最後に少し想像をたくましくしてみます。邪推といってもいいかもしれません。よくよく考えてみると稲盛が「利他の心」を生き切ったように見えるのに対して、稲盛が理想とした西郷も大久保も不幸な死を遂げました。維新の英傑二人とも、残念ながら自分を生き切ることができなかったのです。明治十年九月西郷は西南戦争最後の激戦地故郷鹿児島の城山で自刃し、翌明治十一年五月大久保は内務省に出勤途中、現在の千代田区紀尾井町清水谷で暗殺されました。別府晋介によって介錯された西郷の首を発見し、それを西郷討伐軍の最高指揮官であった山県有朋に届けたのは、旧加賀藩の下級藩士であった千田登文《のりふみ》でした（大野敏明『西郷の首を発見した男』文芸春秋、二〇一四年第一刷、一七頁参照、以後「首」と略記)。また、大久保暗殺を実行した六人のうち首謀者は旧加賀藩士島田一郎でした。島田は西郷軍蜂起に際して、西郷軍への合流を企てた人でもありました(「大久保利通」四三三頁参照、また佐々木克監修『大久保利通』講談社学術文庫、二〇〇四年、一八六−一九二頁も参照されたい)。薩摩藩の下級武士であった西郷と大久保が竹馬の友であったように、加賀藩の下級武士であった千田と島田も同じく竹馬の友でした(「首」二〇頁参照)。これらの事実は、一見稲盛や西田とはまったく関係がないように見えます。ただし、大藩加賀藩を母体とする石川県は、大久保暗殺事件の後、福井、富山、石川への三県分割という罰を与えられています。

本書第2章で、西田の第四高等中学校の中退に触れました。その原因は初代文部大臣になった森有礼《もりありのり》の教育政策でした。薩摩人森有礼は第四高等中学校に薩摩式の武断的上位下達の体制を導入しました。それに反発した西田は中退することになり、それによって帝国大学本科に入学できなくなりました。森有礼はしばらくして国粋主義者である西野文太郎(長州人)によって、明治二十二年大日本帝国憲法発布式典の日に暗殺されます。

森有礼は生前よく「西洋かぶれ」と揶揄《やゆ》されたものでした。というのも、森は薩摩藩の公式留学生として江戸末期、五代友厚や長澤鼎《ながさわかなえ》(カリフォルニアワインの基盤を作った人物)たちとともにヨーロッパ(イギリス中心)に渡った薩摩イレブンの一人だからです。ちなみに、このとき薩摩イレブンはヨーロッパで伊藤博文など困窮した長州ファイブを経済的に手助けしています。異国での薩長連合と呼んでもいいかもしれません。それにしても、ヨーロッパのみならずアメリカをも経験した開明派の森が、なぜ第四高等中学校に旧式の保守的教育体制を導入したのか、私にはよく理解できません。本文では、その理由として、世界進出を目前にした日本が急ぎ中央集権体制を整える必要があったと書きましたが、はたしてそれだけで森が第四高等中学校に対しておこなった教育政策を十分に理解できるでしょうか。人間の行為の動機には、事の善悪だけではなく、「理性だけでは済まない情念のようなもの」もあるのではないでしょうか。ひょっとして森の脳裏には、郷土の尊敬する大先輩であった西郷も大久保も、加賀人に「やられた」という消すに消せない怨念のようなものがあったのではないかという想いがよぎります。この思いが、第四高等中学校の保守化再編の原因だったのではないでしょうか。しかしいずれにせよ、西田は中退というトラウマがあったればこそ、やがて西田哲学と呼ばれるようになる金字塔を打ち立てることができたのではないでしょうか。

以上で、私は偉大な経営者稲盛和夫の経営哲学の根本を形成している稲盛フィロソフィの骨格だけは示すことができたと思います。日本哲学（西田幾多郎の哲学）という大きな器のなかで「稲盛フィロソフィ」を考えるという本書のアカデミックな試みが、最後には「司馬遼太郎」風になってしまいましたが、これで私の「稲盛論」を終わりたいと思います。

〈引用・参考文献一覧〉

石崎嘉彦『倫理学としての政治哲学――ひとつのレオ・シュトラウス政治哲学論』ナカニシヤ出版、二〇〇九年
石崎嘉彦『ポストモダンの人間論――歴史終焉時代の知的パラダイムのために』ナカニシヤ出版、二〇一〇年
石崎嘉彦『政治哲学と対話の弁証法――ヘーゲルとレオ・シュトラウス』晃洋書房、二〇一三年
稲盛和夫『稲盛和夫の実学――経営と会計』日本経済新聞社、一九九八年
稲盛和夫『稲盛和夫の哲学――人は何のために生きるのか』ＰＨＰ文庫、二〇〇三年
稲盛和夫『稲盛和夫のガキの自叙伝――私の履歴書』日経ビジネス人文庫、二〇〇四年
稲盛和夫『生き方――人間として一番大切なこと』サンマーク出版、二〇〇四年
稲盛和夫『人生の王道――西郷南洲の教に学ぶ』日経ＢＰ社、二〇〇七年
稲盛和夫『アメーバ経営――ひとりひとりの社員が主役』日経ビジネス人文庫、二〇一〇年
稲盛和夫『人を生かす――稲盛和夫の経営塾』日経ビジネス人文庫、二〇一二年
稲盛和夫『京セラフィロソフィ』サンマーク出版、二〇一四年
稲盛和夫『考え方――人生・仕事の結果が変わる』大和書房、二〇一七年
稲盛和夫『心。――人生を意のままにする力』サンマーク出版、二〇一九年
岩田靖夫『ソクラテス』勁草書房、一九九五年
ヴィンデルバント『ソクラテス』『ソクラテスに就て　他三篇』河東涓訳、岩波文庫、一九三八年

上山春平『日本の思想——土着と欧化の系譜』サイマル出版会、一九七一年
梅原猛『誤解された歎異抄』光文社、一九九〇年
大川周明『大東亜秩序建設』徳間書店、二〇一八年
大川周明『日本精神研究』徳間書店、二〇一八年
『大久保利通日記』下巻、マツノ書店、二〇〇七年
大田嘉仁『JALの軌跡——稲盛和夫の善き思いがもたらしたもの』致知出版社、二〇一八年
大野敏明『西郷隆盛の首を発見した男』文藝春秋、二〇一四年
大橋良介編『京都学派の思想——種々の像と思想のポテンシャル』人文書院、二〇〇四年
大橋良介『西田幾多郎』ミネルヴァ書房、二〇一三年
岡本裕一朗『哲学と人類——ソクラテスからカント、21世紀の思想家まで』文藝春秋、二〇二一年
岡本裕一朗『いま世界の哲学者が考えていること』朝日文庫、二〇二三年。（初出は二〇一六年同じタイトルでダイヤモンド社から）
加来彰俊『ソクラテスはなぜ死んだのか』岩波書店、二〇〇四年
加藤尚武『加藤尚武著作集』全十五巻、未來社、二〇一七年－二〇一九年
金子大栄『口語訳　教行信證』法蔵館、一九六一年
金子武蔵『ヘーゲルの国家観』岩波書店、一九四〇年
河合榮治郎『トーマス・ヒル・グリーンの思想體系』日本評論社、一九三八年
北康利『思い邪《よこしま》なし——京セラ創業者稲盛和夫』毎日新聞出版、二〇一九年
クセノフォーン『ソークラテースの思い出』佐々木理訳、岩波文庫、一九五三年
隈元忠敬『フィヒテ知識学の研究』協同出版、一九七〇年

隈元忠敬『フィヒテ「全知識学の基礎」の研究』渓水社、一九八六年
隈元忠敬『西晋一郎の哲学』渓水社、一九九五年
グリーン、T・H『グリーン氏倫理学』西晋一郎訳、金港堂書籍、一九〇二年
グリーン、T・H『倫理学序説』A・C・ブラッドリー編、矢嶋直規他訳、創文、二〇二二年
コイレ、アレキサンドル『プラトン』川田殖訳、みすず書房、一九七二年
高津春繁・呉茂一編『ギリシア喜劇全集（アリストパネス篇）』第一巻、人文書院、一九六一年
西郷隆盛『西郷南洲翁遺訓』道添進編訳、日本能率協会マネジメントセンター、二〇二〇年
佐々木克監修『大久保利通』講談社学術文庫、二〇〇四年
佐藤優『学生を戦地に送るには――田辺元「悪魔の京大講義」を読む』新潮社、二〇一七年
渋沢栄一『雨夜譚――渋沢栄一自伝』岩波文庫、一九八四年
渋沢栄一『論語と算盤』角川ソフィア文庫、二〇〇八年
渋沢栄一『渋沢栄一の「論語講義」』守屋淳編訳、平凡社新書、二〇一〇年
渋沢栄一『青淵論叢』鹿島茂編訳、講談社学術文庫、二〇二〇年
渋沢研究会編『新時代の創造――公益の追求者・渋沢栄一』山川出版社、一九九九年
下村寅太郎『若き西田幾多郎先生――『善の研究』の成立前後』人文書林、一九四七年
下村寅太郎『下村寅太郎著作集12　西田哲学と日本の思想』みすず書房、一九九〇年
シュトラウス、レオ『古典的政治的合理主義の再生』石崎嘉彦監訳、ナカニシヤ出版、一九九六年
シュトラウス、レオ『自然権と歴史』塚崎智・石崎嘉彦訳、ちくま学芸文庫、二〇一三年
鈴木正彦・末光隆志『「利他」の生物学――適者生存を超える進化のドラマ』中公新書、二〇二三年
瀬戸内寂聴・稲盛和夫『利他――人は人のために生きる』小学館文庫、二〇一四年

ソポクレース『アンティゴネー』中務哲郎訳、岩波文庫、二〇一四年
瀧井一博『大久保利通――「知」を結ぶ指導者』新潮選書、二〇二二年
竹田篤司『物語「京都学派」』中公叢書、二〇〇一年
田中久文『西田幾多郎』作品社、二〇二〇年
田邊元『ヘーゲル哲学と弁証法』岩波書店、一九三二年
田邊元『政治哲学の急務』筑摩書房、一九四六年
田邊元『田邊元全集』全十五巻、筑摩書房、一九六四年、一九七二年
田邊元『歴史的現実』こぶし文庫、二〇一六年
ドーキンス、リチャード『利己的な遺伝子』日高敏隆他訳、紀伊国屋書店、一九九一年
中島力造『グリーン氏倫理学説』同文館、一九〇九年
中村元『仏教語源散策』東京書籍、一九八七年
縄田二郎『西晋一郎先生の生涯と哲学』理想社、一九五三年
縄田二郎『西晋一郎の生涯と思想』五曜書房、二〇〇三年
西晋一郎『忠孝論』岩波書店、一九三一年
西晋一郎『日本國體』日本文化協会出版部、一九三五年
西晋一郎『教育勅語衍義』賢文社、一九四〇年
西晋一郎『人間即国家の説』明世堂、一九四四年
西田幾多郎『西田幾多郎全集』全十九巻、岩波書店、一九四七年、一九七八年
西田幾多郎『善の研究』全注釈小坂国継、講談社学術文庫、二〇〇六年
西田幾多郎『善の研究』岩波文庫、二〇一九年

『西田幾多郎研究資料集成』全九巻、クレス出版、二〇一二年
西山邦彦『意訳　浄土論註』法蔵館、一九八三年
納富信留『ソフィストとは誰か?』人文書院、二〇〇六年
納富信留『プラトン理想国の現在』慶應義塾大学出版会、二〇一二年
林尹夫『わがいのち月明に燃ゆ――戦没学徒の手記』筑摩書房、一九六七年
樋口陽一・吉田善明編『解説　世界憲法集　第4版』三省堂、二〇〇四年
フィヒテ『全知識学の基礎・知識学梗概』隈元忠敬訳、渓水社、一九八六年
藤沢令夫『プラトン』平凡社、一九七七年
藤沢令夫『ギリシア哲学と現代――世界観のあり方』岩波新書、一九八〇年
藤沢令夫『プラトンの哲学』岩波新書、一九九八年
藤田正勝『現代思想としての西田幾多郎』講談社選書メチエ、一九九八年
藤田正勝『西田幾多郎――生きることと哲学』岩波書店、二〇〇七年
藤田正勝『西田幾多郎の思索世界――純粋経験から世界認識へ』岩波書店、二〇一一年
藤田正勝編『「善の研究」の百年――世界へ/世界から』京都大学学術出版会、二〇一一年
藤田正勝『哲学のヒント』岩波新書、二〇一三年
藤田正勝『日本哲学史』昭和堂、二〇一八年
『プラトン全集』岩波書店、一九七六年
ヘーゲル『法の哲学綱要』藤野渉・赤澤正敏訳、『世界の名著』中央公論社、一九七〇年
ヘーゲル『精神の現象学』上巻、金子武蔵訳、岩波書店、一九七一年、一九七二年
ヘーゲル『精神の現象学』下巻、金子武蔵訳、岩波書店、一九七九年

ヘーゲル『ヘーゲル哲学史講義　上巻』長谷川宏訳、河出書房新社、一九九四年
丸山久美子『双頭の鷲――北條時敬《ときゆき》の生涯』工作舎、二〇一八年
三好信浩『商売往来の世界――日本型「商人」の原像をさぐる』ＮＨＫブックス、一九八七年
三好信浩『渋沢栄一と日本商業教育発達史』風間書房、二〇〇一年
三好信浩『教育観の転換――よき仕事人を育てる』風間書房、二〇二三年
村上義幸『西晋一郎先生言行録　十四』私家本、一九四三年
本居宣長『改訂版　玉くしげ――美しい国のための提言』〈本居宣長選集一〉山口志義夫訳、多摩通信社、二〇〇七年
森瀧市郎『核絶対否定への歩み』渓水社、一九九四年
森瀧市郎「プラトン哲学に於ける三つの道」『精神科学』一九三三年第一巻、目黒書店
森瀧市郎「福徳一致の説」『精神科学』一九三五年第一巻、目黒書店
森瀧市郎「自利と義務　シジウィック倫理説の中心問題」『精神科学』一九三七年第三巻、目黒書店
森瀧市郎「自利と義務　シジウィック倫理説の中心問題」『精神科学』一九三八年第一巻、目黒書店
山内廣隆『ヘーゲル哲学体系への胎動――フィヒテからヘーゲルへ』ナカニシヤ出版、二〇〇三年
山内廣隆「「ヘーゲルと京都学派」について」『ヘーゲル哲学研究』一二号、二〇〇六年、七九‐八三頁
山内廣隆『ヘーゲルから考える私たちの居場所』晃洋書房、二〇一四年
山内廣隆『昭和天皇をポツダム宣言受諾に導いた哲学者――西晋一郎、昭和十八年の御進講とその周辺』ナカニシヤ出版、二〇一七年
山内廣隆「二つの君主論――西晋一郎とヘーゲル」『政治哲学』第二三号、政治哲学研究会、二〇一七年
山内廣隆『過剰な理想――国民を戦争に駆り立てるもの』晃洋書房、二〇一九年

山内廣隆『田邊元の政治哲学――戦中・戦後の思索を辿る』昭和堂、二〇二一年
山内廣隆「日本哲学史の一局面――グリーンとヘーゲル」『ヘーゲル哲学研究』二七号、こぶし書房、二〇二一年
山内廣隆『愈《いよいよ》つまらぬ様《さま》なり――西田幾多郎から田邊元へ』ナカニシヤ出版、二〇二三年
行安茂『トマス・ヒル・グリーン研究』理想社、一九七四年
行安茂編『森瀧市郎先生の卒寿を記念して』大学教育出版、一九九一年
行安茂『河合栄治郎の思想形成と理想主義の課題』一般財団法人アジア・ユーラシア総合研究所、二〇一八年
行安茂、藤原保信責任編集『T・H・グリーン研究』御茶の水書房、一九八二年
行安茂編『イギリス理想主義の展開と河合栄治郎』世界思想社、二〇一四年
吉田健一「鹿児島時代の稲盛和夫――幼年時代から学生時代まで」『鹿児島大学稲盛アカデミー研究紀要』三巻、二〇一一年
ラスキ、H・J『近代国家における自由』飯塚良明訳、岩波文庫、一九七四年、二〇一三年
ラスキ、H・J『国家――理論と現実』石上良平訳、岩波現代叢書、一九五二年、一九七〇年
ランシエール、J『民主主義への憎悪』松葉翔一訳、インスクリプト、二〇〇八年
ロールズ、J『ロールズ政治哲学史講義Ⅰ』斎藤純一他訳、岩波書店、二〇一一年
和辻哲郎『日本精神史研究』岩波書店、一九七一年

あとがき
——稲盛和夫とその風土

本文でたびたび論じてきたことではありますが、稲盛の事業経営の成功の原因は、彼の「哲学」にありました。しかしながら、稲盛は自身の哲学観に基づいて、現代の哲学のあり方を厳しく批判していました。現代の哲学者はいたずらに抽象的議論に陥り、ソクラテスが説いていた哲学の本来的役割、青年たちに「善とは何か」や「人生の目的が何であるか」を示して、そこへと導いていくという本来の役割を果たしていないと。稲盛は理想の国家・社会建設のために哲学（政治哲学）を説いたわけではありませんが、企業経営を通してあるべき人間の姿（経営哲学・人生哲学）を説きました。その哲学が稲盛的経営の成功した原因になっているのです。

稲盛はいたるところで「哲学」の重要性を説いています。しかし、稲盛の哲学がいかほどのものであるかを、本書ではグリーンや西田幾多郎、さらにはソクラテスの哲学と比べて論じました。まだ、稲盛の哲学をこのような視点から論じた書籍は他にありません。西田などのアカデミックな哲学と比較してみると、稲盛の哲学はたしかに「哲学未満」のところがありました。そのような稲盛の哲学を本書では「だ、だ、だの哲学」と名づけたりしました。しかし、そういう点はあるにしても、稲盛の哲学はおおむね理想主義哲学の伝統のなかに位置づけることができました。私は稲盛の哲学を多くの哲学研究者が感じているような「非哲学」として安易に切り捨てるのではなく、彼の哲学の可能性を同郷人としての

「愛情」をもって論じたつもりです。

このように、日本哲学の骨格を形成した西田幾多郎のアカデミックな哲学などと比較しながら稲盛の哲学を論じることが、本書の主軸を形成しています。しかし、本書にはもう一つの隠れた補助軸のようなものがありました。それは薩摩と加賀との対比です。私は本書で西田（加賀）と比較しながら、稲盛の哲学を薩摩的に彩《いろど》りました。すなわち、稲盛の哲学や性格のなかに西郷隆盛と大久保利通という矛盾するものが共同しながら働いている姿を見出しました。

私は明治維新の偉人たちが生まれ育った鹿児島市加治屋町にある県立高校の出身です。高校の敷地のなか、化学講義室や実験室はその昔東郷平八郎の住居でした。また、篠原国幹《しのはらくにもと》の家はテニスコートの端、村田新八の家は体育館の隅にありました。母校正門前には大山巌《おおやまいわお》の生誕地、ゆっくり走って十秒のところに西郷隆盛の生誕地で育った家、二十秒のところに大久保利通の家がありました。逆方向に十秒走れば山本権兵衛《やまもとごんのひょうえ》の生誕地です。維新の志士たちの多くがこのあたりで大きくなりました。こうした環境のなか、私たちは西郷隆盛の「敬天愛人」の精神を耳元でささやかれながら、それでもなおもう一方の耳では大久保利通の「ためいき」を感じながら育ったのです。この環境で育ったことが「おわりに」の稲盛和夫像に微妙に反映されているかもしれません。

これまで稲盛和夫の生前の仕事を少し図式化して、「上り道」（京セラ、ＫＤＤＩの設立、ＪＡＬの再建）と「下り道」（京都賞の創設、養護施設設置）として論じてきました。しかし、稲盛和夫の辿った「上り道」も「下り道」も、私は薩摩の風土と切り離せないのではないかと考えています。薩摩人はたしかにおおらかではあります。しかし同時に、「ずるい」ことが大嫌いで「実直」であることを好みます。また、実は「ハイカラ」好きなくせに、どちらかといえば質実剛健であることを装います。しかし、そうであるからといって、けっして計算をおろそかにせず、ときにいやらしくも見える「したたかさ」も持ち合わせています。そして、いつでも隙あらばと「下」（南）から「上」（北）を仰ぎ見ているのです。

母校近くの甲突川の土手を独り歩きながら、そのようなことを考えたりもします。この川土手沿いに西郷の家も大久保の家もわずかに離れて建っていました。そこから対岸を少し上流に上ったところに稲盛の実家があります。稲盛は善くも悪くも生涯、生粋の薩摩人《さつまびと》だったのではないかと思うのです。

最後に、人文書不振のなか、出版を引き受けて下さったナカニシヤ出版に感謝申し上げます。とりわけ、実際の編集業務を担当して下さった第二編集部の石崎雄高氏には大変お世話になりました。氏の迅速で堅実な編集業務には心より感謝しております。

二〇二四年五月三十一日　安芸の宮島対岸にある廿日市市の寓居にて

山内廣隆

ナ　行

ハ　行

マ　行

ヤ　行

ラ　行

サ　行

タ　行

事項索引

ナ　行

ハ　行

マ　行

ヤ　行

ラ・ワ　行

人名索引

■著者略歴
山内廣隆（やまうち・ひろたか）
1949年　鹿児島市に生まれる。
1975年　鹿児島大学法学部卒業。
1982年　広島大学大学院文学研究科博士課程後期単位取得退学。
現　在　安田女子大学教授。広島大学名誉教授。博士（文学）。専攻／西洋近世哲学。
著　書　『愈つまらぬ様なり――西田幾多郎から田邊元へ』（ナカニシヤ出版，2023年），『田邊元の政治哲学――戦中・戦後の思索を辿る』（昭和堂，2021年），『過剰な理想――国民を戦争に駆り立てるもの』（晃洋書房，2019年），『昭和天皇をポツダム宣言受諾に導いた哲学者――西晋一郎，昭和十八年の御進講とその周辺』（ナカニシヤ出版，2017年），『ヘーゲルから考える私たちの居場所』（晃洋書房，2014年），『ヘーゲル哲学体系への胎動――フィヒテからヘーゲルへ』（ナカニシヤ出版，2003年），『環境の倫理学』（丸善，2003年），他。

稲盛フィロソフィとは何か
――西田幾多郎と稲盛和夫の〈哲学〉――

2024年10月1日　初版第1刷発行

著　者　山内廣隆
発行者　中西　良

発行所　株式会社　ナカニシヤ出版
〒606-8161　京都府左京区一乗寺木ノ本町15
TEL（075）723-0111
FAX（075）723-0095
http://www.nakanishiya.co.jp/

印刷／製本・モリモト印刷
＊乱丁本・落丁本はお取り替え致します。
ISBN978-4-7795-1810-2　Printed in japan